정말 하고 싶은데 너무 하기 싫어

정말 하고 싶은데 너무 하기 싫어

로먼 겔페린 지음　**황금진** 옮김

동양북스

쾌락과 불쾌는 동기부여의 훌륭한 원천이다.

– 본문 중에서

차례

| 7장 | "내가 원하는 나를 만나다"
기대를 현실로 바꾸는 동기부여의 힘

내 행동을 방해하는
주범은 따로 있다

우리는 왜 목표도 있고, 해야 한다는 생각도 분명한데 왜 해내지 못하는 걸까? 나는 문제가 '동기부여'에 있다고 생각했다. 하지만 무엇이 동기부여를 가로막고, 우리를 목표로부터 멀어지게 하는지 이해하기는 너무도 힘들었다. 그러나 포기하지 않고 집요하게 매달린 끝에 동기부여란 녀석을 완전히 이해하고 받아들이게 되었고, 스스로를 다스릴 수 있게 되었다.

살다 보면 동기부여를 방해하는 것들과 마주한다.

미루는 습관, 의욕 상실, 게으름뿐 아니라 술이나 마약, 담배 등과 같은 물질 중독에서부터 게임과 인터넷, 수면 등과 같은 행위 중독에 이르기까지 우리의 삶과 목표를 방해하는 것들이 너무나 많다. 나는 이 방해물들을 어떻게 다뤄야 할지 끊임없이 고민했고, 마침내 해결책을 찾았다.

도대체 무엇이냐고? 바로 행동과 연결된 심리에 집중하는 것이다. 다시 말해 우리가 어떤 행동을 하려고 마음먹을 때, 심리가 어떻게 작동하는지 살핀 후 그 행동을 해내지 못하는 원인과 해결책을 찾는 것이다.

내가 이 책을 쓴 까닭은 요즘 사람들이 너무나 지쳐 보였기 때문이다. 심리적으로도 육체적으로도 말이다. 그 탓에 의욕을 잃고 갈피를 잡지 못하는 사람들을 주변에서 자주 보았다. 그래서 자기 마음만 제대로 이해하면 쉽고 효과적으로 목표를 이룰 수 있다고 알려주고 싶었다. 금연을 제외하면 나 또한 이 책에 제시한 동기부여를 방해하는 문제를 모두 직접 겪었다. 그렇기 때문에 그들의 심리와 절박함에 대해 잘 안다.

1장에는 동기부여를 방해하는 다섯 가지 사례가 나오는데, 여기에 등장하는 인물은 여러 인물을 짜깁기한 것이다. 나 자신을 돌아보고, 나와 똑같은 문제로 씨름하던 주변인도 폭넓게 관찰하여 정리한 사례다. 금연 사례의 경우, 나는 담배에 중독된 적이 없었기 때문에 주변의 애연가들을 관찰해 정리했다. 그들은 금연을 시도해도 얼마 못 가 담배를 찾았다. 왜 그들은 금연을 시도하고 실패하기를 끊임없이 반복할까? 어떻게 하면 작심삼일로 끝나지 않고, 제대로 목표를 이룰 수 있을까?

금연뿐 아니라 모든 결심이 마찬가지다. 우리는 미루지 말자고 결심해도 어느새 미루었고, 게임을 그만하자고 마음먹어도 어느새 게임을 하고 있었다. 다시 말해 우리는 계속해서 생고생을 되풀이하고 있는 것이다. 금연은 다른 동기부여 문제와 마찬가지로 본질적인 결정 인자가 존재하기 때문에 그와 동일한 방법으로 해결할 수 있다는 걸 비로소 깨달았다.

　나 역시 내가 주장한 방법을 빠짐없이 삶에 적용해봤다. 결과는 대성공이었다. 이 방법들이 내게 큰 도움이 되었듯이 여러분에게도 삶을 바꾸는 기회가 되기를 진심으로 바란다.

1장

"나도 내가 왜
이러는지 몰라!"

무의식중에 저지르는 다섯 가지 이상 증후

도대체 왜,
내 몸은 내 맘대로
움직이지 않을까?

～～～～～～～ 살다 보면 머리로는 해야 한다고 생각하는데 몸은 이상한 행동을 할 때가 있다. 심리학자들은 종종 "인간은 비이성적으로 행동한다"며 이러한 이상 행동을 설명하지만, 이는 앞으로 우리가 알아볼 심리 메커니즘의 표면조차 건드리지 못하는 주장이다.

그렇다면 우리는 왜 가끔씩 이상한 행동을 하는 걸까? 인간에게는 어떤 행동을 할 때 그것을 의식적으로 제어하는 기능이 있다. 하지만 그 기능조차 행동을 제어하지 못하는 경우 자신도 모르게 이상한 행동을 해버리는 것이다. 이런 문제에 조금이라도 관심을 기울여본 사람이라면 다음과 같은 생각을 했을 것이다.

'내 안에 존재하는 어떤 힘이 내 행동을 결정하는 것 같아. 내 의도가 무엇이든 간에 개의치 않고 내가 행동하게끔 밀어붙이는 것 같아.'

자신을 주의 깊게 살펴본 사람이라면 스스로가 자신의 행동을 완전히 제어하지 못한다는 데 동의할 것이다. 완전은커녕 전혀 제어하지 못하는 것 같다고 느끼는 사람도 많다. 그리고 대개 그 느낌은 옳다.

이제부터 자신의 행동을 제어하지 못하는 다섯 가지 부류를 살펴보겠다. 사례 속 등장인물은 모두 실제 인물을 바탕으로 여러 사람을 섞어놓은 것이다. 내 개인적 경험을 돌아보고 같은 문제로 고민했던 주변 사람들을 관찰해 재구성했다.

나도 모르게
할일을 내일로 미루는 나:
미루는 습관

짐이 문학 수업에서 8페이지짜리 논문 쓰기 과제를 받은 지 한 달 반이 지났다. 그동안 짐은 논문에 대해 자주 고민했고, 열 시간이면 끝마칠 수 있을 거라 생각했다.

'빈둥거리지 말고 후딱 해치우는 게 낫겠어. 자, 집중하자, 집중!'

짐은 과제를 시작하기로 수차례 마음먹었지만 번번이 다짐으로 그쳤고 결국 한 자도 못 썼다. 마감을 열 시간 앞둔 한밤중이 돼서야 짐은 대충대충 말을 꿰맞춰가며 눈에 불을 켜고 논문을 쓰기 시작했다. 단 1분도 허투루 쓰지 않고 과제에 몰두했다. 평소에는 과제를 하다가도 텔레비전을 보거나 비디오게임을 하는 등 딴짓을 했지만, 이때만큼은 그러지 않았다. 그럴 겨를이 없었던 것이다. 스트레스도 받고 짜증도 나고 지칠 대로 지쳤지만 그 열 시간 동안 짐은 가까스로 과제를 마쳤고 제때 제출했다.

이제 짐은 의기양양해졌다. 어깨를 짓누르고 있던 무거운 짐을 덜자 마음이 놓였고 마냥 신이 났다. 논문을 쓰느라 열 시간 동안 한숨도 못 잤는데 전혀 피곤하지 않았다. 짐은 어떤 일에든 달려들 수 있고, 어떤 장애물이든 넘을 수 있을 것만 같았다. 그러고는 마음속으로 다짐했다.

'앞으로는 과제를 미루지 말자. 마지막까지 미루다가 코앞에 닥쳐서 급히 해치우느라 너무 괴로웠어. 두 번 다시는 이런 식으로 하지 않을 거야.'

그러나 짐은 달라지지 않았다. 과제가 생길 때마다 며칠, 몇 주, 몇 달 동안 미루다가 더 이상 지체

할 수 없는 마감 직전에 허겁지겁 해치우고, 간신히 낙제를 면했다.

굉장히 보편적인 이야기다. 나뿐 아니라 당신도 두어 번은 겪어봤음직한 일이다. 도대체 왜 이런 일이 일어날까? 우리는 왜 할일이 있다는 걸 알면서도 비생산적이고 하찮은 일에 쓸데없이 시간을 허비할까? 사람들은 왜 할일을 미루고픈 충동을 억누르지 못할까? 똑같은 사람인데 왜 누구는 매번 게으름을 피우면서 일을 미루고, 누구는 매번 부지런을 떨면서 일을 미리 끝마칠까? 발등에 불이 떨어져 번갯불에 콩 볶듯 해치우느라 스트레스를 받는다는 걸 뻔히 알면서 왜 스스로를 재촉해 맡은 일을 해내지 못할까?

물론 가장 큰 이유는 맡은 일 자체가 힘들기 때문이다. 많은 사람들이 '정신력이 나약해서 그렇다'고 말하지만, 과제 마감일이 코앞으로 다가온 상황에서 우리의 정신력은 기적처럼 수완을 발휘한다. 이때 우리는 동기만 있다면 못할 일이 없겠다고 느낀다.

그러나 빠듯한 시간 안에 과업을 완수하려면 엄청난 압박감을 맛볼 수밖에 없다. 그러한 압박감에 지속적으로 시달리고 싶은 사람은 없을 것이다. 그래서 마감이 정해진 일을 하는 사람들은 스트레스에서 좀처럼 벗어나기 어렵다. 물론 신체적 부작용 또한 나타날 수 있다.

그러나 양쪽 진영에서 좋은 점을 누리는 것도 가능하다. 다시 말해 마감에 맞춰야 할 때 생기는 스트레스와 긴장을 맛보지 않게끔 먼저 행동하는 사람, 생산적인 사람이 되는 것이다. 이는 정신력과는 무관하다. 곧 알게 되겠지만 정신력은 가변적이고 사소한 요인일 뿐이다. 그 대신 동기부여에 대한 이해가 필요하다. 이 사안은 일단 보류하고 몇 가지 사례를 더 살펴보자.

나도 모르게
헬스장에 발길을 끊은 나:
의욕 상실

애너메리는 다이어트를 하고 있었다. 동네 헬스장에 등록한 후, 처음 2주 동안은 매일 나가서 열심히 운동을 했다. 3주째 되자 헬스장에 가는 게 귀찮아졌다. 첫날은 가까스로 일어나 운동하러 갔지만 그다음 날이 되자 하루쯤 빠져도 괜찮겠다는 생각이 들어 헬스장에 가지 않았다. 그때부터 애너메리는 다이어트를 시작한 수많은 사람들이 그랬듯이 운동 의욕을 상실했다.

처음에는 운동을 하면서 보람을 느꼈지만 반복하

다 보니 지겨워진 것이다. 지루함을 극복하지 못한 탓에 헬스장에 가는 날도 뜸해졌다. 머지않아 일주일에 한 번, 2주에 한 번 나가다가 결국 완전히 발길을 끊었다.

이처럼 꾸준히 무언가를 하기로 결심했으나 지루함 때문에 포기하고 마는 애너메리의 이야기는 우리 주변에서 흔하게 볼 수 있는 보편적인 의욕 상실 사례다.

나도 모르게
입에 담배를 물고 있는 나:
담배 중독

~~~~~~~~~~~~~~ 존은 서른여섯 살이고 회계 사무소에서 일하고 있다. 지금은 18년간 피운 담배를 끊으려고 시도 중이다. 하루에 담배를 반 갑 정도 피웠지만 이제는 완전히 끊기로 마음먹었다. 하루 종일 시도 때도 없이 흡연 욕구가 솟아났지만 그때마다 금연 결심을 떠올리며 참아냈다. 첫째 날에는 흡연 욕구를 물리치는 데 성공해서 담배를 한 개비도 피우지 않았다. 그러나 그다음 날에는 보기 좋게 실패했다. 퇴근길에 정신을 차려보니 입에는 담

배가 물려 있었고, 담배 연기가 뻐끔뻐끔 피어오르고 있었다.

이게 어찌 된 영문일까? 그는 무의식중에 담뱃갑과 라이터를 꺼냈고, 담배에 불을 붙인 다음 그것들을 다시 주머니에 집어넣었던 것이다. 담배를 한 모금 빨아들인 후에야 존은 깨달았다. 금연에 실패했다는 사실을 말이다. 그는 마지막으로 한 모금 깊이 빨아들인 후 담배를 버렸다.

'또다시 이런 일이 일어나면 안 돼!'

존은 재발을 막기 위해 다음 날 회사에 도착하자마자 특단의 조치를 취했다. 주머니에서 담뱃갑을 꺼내 사무실 책상 서랍에 넣어둔 것이다. 한 대 피우고 싶어 죽을 것 같은 기분이 수없이 들었지만 담배를 꺼내려면 서랍까지 손을 뻗어야 한다는 사실을 떠올리며 자제했다. 그러나 그것도 잠시뿐이었다. 어느새 존의 손에는 담뱃갑이 들려 있었고, 입에는 불붙인 담배가 물려 있었다. 서랍에서 담뱃갑을 꺼내 밖으로 나간 다음 스스로 담배에 불을 붙였던 것이다. 그러나 이번에는 무의식중에 한 일이 아니었다. 존은 자신의 행동을 의식하고 있었지만 담배를 몇 모금 빨아들인 후에야 죄책감을 느꼈다. 금연에 실패했을 때 어떤 결과가 나타날지도 온전히 이해하고 있었다. 순간 짜증이 울컥 치밀어 오른 짐은 피우던 담배를 홱 던져버렸다.

그다음 날 존은 담배에 손을 뻗을 기회조차 차단하기 위해 담뱃갑을 통째로 내다버렸다. 이번에도 흡연 욕구가 강하게 일었다. 그러나 욕구를 풀고 싶어도 풀 수가 없었기 때문에 참을 수 있었다. 다만 하루 종일 일이 손에 안 잡혔다.

'아, 자꾸 담배 생각이 나서 도무지 일에 집중할 수가 없잖아. 금연하면 건강에는 이롭겠지만 일에는 오히려 방해가 되는 것 같아.'

결국 존은 편의점에 가서 담배 한 갑을 샀고, 금연은 나중으로 미뤘다. 일하지 않아도 되는 휴가철에 다시 금연을 시도하기로 마음먹은 것이다. 존은 다시 하루에 담배 반 갑을 피우는 생활로 돌아갔다.

이 사례에서 존은 실제로 담배를 끊으려고 꽤 단호한 태도를 보였다. 다른 사람들이 금연을 시도할 때보다 훨씬 더 많은 노력을 기울였지만 안타깝게도 존의 금연 전략에는 아주 결정적인 요소가 빠져 있었다. 이 책 말미에 존이 금연에 성공할 수 있는 방법을 소개하겠다.

나도 모르게
게임을 하고 있는 나:
게임 중독

━━━〜〜〜〜〜━━━　　타지에서 대학을 다니던 준
서는 겨울방학을 맞아 고향 집에 돌아왔다. 과제도
있고 집에 있는 동안 끝내고 싶은 개인적인 일도 몇
가지 있지만 서두를 필요는 없었다. 집에 온 첫날
준서는 아침 여덟 시에 일어났다. 다른 가족들은 아
직 자고 있고, 준서는 딱히 외출할 마음이 없었다.
심심해진 준서는 따분함을 달래고자 어릴 때 자주
했던 '플레이스테이션'을 꺼냈다. 어린 시절의 향수
를 느끼면서 게임을 시작한 준서는 약 두 시간 동안

게임 플레이 방식을 다시 익히면서 즐겁게 보냈다. 오전 열 시에 아침을 먹고 나니 식곤증이 몰려왔다.

'오늘은 뭘 하지?'

가만 생각해보니 딱히 해야 할 일이 없었다. 준서는 다시 비디오게임을 시작했다. 몇 시간이나 게임을 했는데도 지루하지 않았다. 시계를 보니 어느덧 오후 한 시 반이었다.

'아, 이제 게임은 그만하고 하루를 알차게 보내야지. 조깅도 하고 과제도 후딱 해치우고 오랜만에 친구들도 좀 만나야겠다.'

외출 준비를 마치고, 나가기 전에 15분 정도 여유가 있어 그만큼만 게임을 하기로 했다. 하지만 그 정도로는 성이 차지 않아 10분만 더 하기로 했다. 그렇게 조금만 더, 조금만 더 하다가 정신을 차려보니 외출하기로 마음먹은 시간이 훌쩍 지났다는 걸 깨달았다. 그래도 그만두지 못하고 10분씩 시간을 미뤘다. 그사이 오후 다섯 시가 됐고 배가 고파진 준서는 그제야 게임을 멈추고 집을 나섰다. 조깅하러 나간 김에 동네 햄버거 가게에서 저녁을 때우기로 마음먹었다. 거기까지는 쉬웠다. 준서는 귀갓길에 집에 가면 곧바로 과제를 해야겠다고 결심했다. 그러나 막상 책상에 앉으니 도무지 집중이 안 됐다. 마음이 콩밭에 가 있었기 때문이다. 준서는 또다시 비디오게임기 앞에 앉았다. 한밤중까지 아무런 방해도 받지 않고 게임을 하다가 새벽 두 시쯤 녹초가 되고 나서야 손에서 게임기를 놓았다. 그러고는 스르륵 단잠에 빠졌다.

다음 날 아침, 열 시 반에 일어나 아침 식사를 한 준서는 또다시 비디오게임을 하고 싶은 충동을 느꼈다. 저녁 일곱 시에는 몇몇 친구들과 술집에서 만나기로 약속했다.

'약속 시간까지는 충분히 여유가 있으니까 잠깐 게임을 해도 괜찮을 거야.'

하지만 결국 여덟 시간 동안이나 게임을 했다. 일곱 시 정각이 돼서야 친구들과 한 약속이 떠오른 그는 서둘러 옷을 입고 술집으로 부리나케 달려갔다.

그러나 친구들과 어울리는 동안에도 이따금 비디오 게임이 생각났다. 그때마다 게임을 하고 싶은 충동이 살짝 일었다. 모임이 끝나고 집에 돌아오는 길에도 머릿속에는 온통 게임 생각뿐이었다.

'빨리 가서 게임해야지!'

준서는 집에 도착하자마자 게임을 시작했고 한밤중까지 계속했다. 그 후 며칠 동안의 상황은 별반 다르지 않았다. 그는 게임 생각을 떨칠 수 없었고, 할일이 있을 때만 어쩔 수 없이 게임기에서 손을 뗐다. 짬이 나도 다른 일은 일절 하지 않고 오로지 게임에만 열중했다. 하루 평균 열두 시간씩 말이다.

그동안 준서는 게임을 그만해야겠다고 수없이 다짐했지만 말짱 도루묵이었다. 15분만 더 하고 그만둬야지라고 다짐해도 15분 후에는 20분만 더 하고 진짜 그만두겠다고 번복했다. 그리고 20분 후에는 한 시간만 더를 외칠 뿐이었다. 그렇게 다짐을 어기면서 몇 시간 동안 쉬지 않고 게임만 했다. 밥을 먹거나 심부름할 때를 빼고는 방에 틀어박혀서 꼼짝 않고 계속 게임만 한 것이다.

이런 생활이 엿새 동안 계속되었다. 그러다 엿새째 되는 날 준서는 마침내 게임의 마지막 스테이지까지 완료했다. 그러자 게임에 대한 흥미가 순식간에 사라졌고 플레이스테이션을 미련 없이 치워버렸다. 그 후 준서는 게임에는 손도 대지 않고 계획한 일을 하면서 남은 겨울방학을 보냈다. 과제를 하고 친구들을 만나고 좀 더 생산적인 취미를 즐겼다.

비디오게임을 하고 있거나 해본 적이 있는 사람 또는 그런 이들을 알고 있는 사람이라면 공감할 것이다. 이런 일이 드문 일이 아니라는 걸 말이다. 물론 미루기와 조금 다른 행동이지만 나름대로 흥미로운 특성이 있다. 심리학적 관점에서 볼 때 비디오게임은 특히 흥미로운 주제다. 비디오게임이 유발하는 특이한 유형의 동기부여 조건은 뒤에서 살펴볼 것이다.

나도 모르게
자고 있는 나:
과수면

～～～～～～　톰은 평소 잠을 너무 많이

잔다. 하루 평균 열한 시간을 잔다. 톰은 그런 자신

이 싫지만 하루하루 수면 시간을 초과할 수밖에 없

는 여건 때문에 어쩔 수가 없다. 몸과 마음은 모두

아주 건강하다. 그런데도 아침에 잠자리에서 일어

나기가 너무 힘들다. 잠에서 깨면 몸도 마음도 개운

하지만 계속 침대에서 뭉그적거리고 있다. 그러다

가 다시 잠들어 두어 시간을 더 자기 일쑤다. 일 말

고는 꼭 해야 하는 일도 별로 없다. 게다가 그 일도

자신의 일과에 맞게 마음대로 일정을 조정할 수 있다. 톰은 그다지 넓지 않은 원룸 아파트에서 재택근무를 하고 잠도 그 방에서 잔다. 점심을 먹고 나면 으레 침대에 눕다 보니 어느새 낮잠은 일상이 되어 버렸다. 어느 정도 일을 끝내고 나서도 대개는 침대로 가는데 이때도 깜빡 잠이 든다.

그렇다고 톰이 집에만 있는 것은 아니다. 톰은 거의 날마다 외출해서 친구를 만나거나 산책을 하거나 헬스장에서 운동을 한다. 하지만 그때를 제외하면 대부분의 시간은 집에서 보낸다. 침대에 누워 잠자는 일 말고 나머지 시간에는 컴퓨터로 일을 하거나 비좁은 방을 이리저리 서성이거나 가끔 책을 읽거나 텔레비전을 본다. 그러나 독서와 텔레비전 시청은 침대에 누워서도 하는 일이다. 날마다 잠을 터무니없이 많이 자는데도 톰은 시간에 쫓기지 않는다. 할일을 빼놓지 않고 처리할 시간이 충분할 뿐 아니라 여가를 즐길 수 있는 시간까지 있다.

이것은 과연 어떤 사례일까? 그가 많이 자는 이

유는 그저 게으르기 때문일까? 게으름 때문이 아니라면 우울증이거나 혹시 몸이 아픈 걸까? 그런 것들도 분명 타당한 원인이 될 수 있다. 그러나 과수면증에 빠지는 결정적 원인은 동기부여 때문이다. 그런데 대부분은 이 문제를 간과한다.

이 정도 사례면 우리 앞에 놓인 문제를 조명하는 데 충분할 듯싶다. 그리고 누구나 알고 싶을 것이다. 우리의 의지에 반하는 행동들 속에 숨어 있는 미묘한 심리적 메커니즘이 무엇인지. 왜 어떤 일을 할 때는 집중하지 못하는데 또 다른 일을 할 때는 너무 집중이 잘돼 멈출 수 없는 건지. 이런 행동을 하는 사람이 왜 그토록 많은지. 우리의 정신력은 왜 이에 맞서 싸우지 못하는지. 왜 어떤 일을 할 때는 거대한 바위를 들어 올리는 기분이 드는데 또 다른 어떤 일을 할 때는 너무 재미있어서 도저히 뿌리칠 수가 없는지.

마지막으로 우리는 어쩌다 이런 상황을 극복하기도 하는데 그때는 어떻게 극복해내는 것이며, 극복했을 때 배울 수 있는 것은 무엇이고, 어떻게 하면 거기서 배운 지식을 실천해 우리의 운명을 자유자재로 통제할 수 있는지에 대해 차근차근 알아보도록 하자.

2장

"나를 방해하는 것은, 바로 나"

내 뜻대로 행동하지 못하는 진짜 이유

진짜
원하는 것은
따로 있다

〜〜〜〜〜〜〜〜 우리는 앞서 할일을 자꾸만 미루는 사례, 쉽게 결심을 포기하는 사례, 게임과 잠 그리고 담배에 중독된 사례에 대해 살펴보았다. 이 장에서는 다섯 가지 사례에 대한 일반적인 심리 이론과 메커니즘을 파고들기보다 먼저 그 사례들을 포괄하는 전체 그림을 그려볼 것이다. 그리고 같은 행동을 해도 사람마다 행동의 결과가 왜 다른지 알아보기 위해, 오늘날 널리 검증받은 개념을 적용해볼 것이다.

언뜻 보기에 짐은 과제를 끝내고 싶어 하고, 애너메리는 헬스장에 가고 싶어 하고, 존은 담배를 끊고 싶어 하며, 준서는 비디오게임을 그만두고 싶어 하고, 톰은 잠을 줄이고 싶어 하는 듯하다. 그들은 모두 원하는 바가 있지만 뜻대로 이루지 못한다. 제삼자의 입장에서 바라보면 그들의 행동을 이해할 수가 없다. 그러나 조금만 자세히 들여다보면 그들이 진짜 원하는 것을 알 수 있다. 그게 무엇일까? 그들은 '행동하는 것'이 아니라 '행동함으로써 얻는 결과'를 원하고 있다.

짐은 과제를 끝내고 싶은 게 아니라 과제를 제출하면 얻을 수 있는 결과, 다시 말해 문학 수업을 통과하길 바랐다. 애너메리는 헬스장에 가고 싶은 게 아니라 헬스장에 가면 얻을 수 있는 결과, 즉 군살이 빠지기를 바랐다.

엄밀히 말하면 존은 담배를 끊고 싶었던 게 아니다. 흡연은 존에게 엄청난 만족감을 가져다주었다. 존은 담배의 맛과 흡연이 주는 진정 효과를 즐기는 사람이다. 그럼에도 존이 금연을 시도했던 진짜 이유는 그로 인해 얻을 수 있는 결과 때문이었다. 이를테면 건강을 얻고, 돈을 절약하며, 가족과 친구들에게 드디어 담배를 끊었다며 자랑하는 것이다. 준서 역시 비디오게임을 그만두고 싶지 않았다. 그는 비디오게임이 재미있어 죽을 지경이었다. 하지만 한편으로 게임을 그만해야 한다고 마음먹었던 이유는 그 시간에 더욱 생산적인 일을 할 수 있다는 걸 알았기 때문이다.

마지막으로 톰도 마찬가지다. 그는 날마다 세 시간을 더 자는 대신 그 시간에 더욱 유익한 일을 하길 바랐다. 그러나 잠의 유혹이 너무나 달콤해 뿌리칠 수가 없었다.

이렇게 구분 짓고 나면 전체 그림이 그려질 뿐 아니라 그들이 왜 그런 행동을 했는지도 이해할 수 있다. 그러나 우리가 도달한 지점은 해결책이 아니라 우리의 행동과 심리를 이해하기 위한 여정의 시작점에 불과하다. 행동과 그 행동의 결과를 구별하는 것만으로는 아무것도 해결할 수 없으며 도대체 무엇이 그 사람을 움직이게 하는지, 혹은 움직이지 못하게 하는지 모호하기 때문이다. 그렇지만 이제 우리는 올바른 길에 들어섰다. 이제 그 길을 따라가보자.

불안하니까
행동한다

─∿∿∿∿∿─ 행동과 결과를 분리해서 짐
의 행동을 살펴보면 그가 결국 과제를 할 수 있었
던 이유를 알 수 있다. 바로 과제를 끝내지 못했을
때의 결과가 몹시 끔찍하기 때문이다. 과제를 한 번
더 미뤘다가는 낙제할 게 뻔했고 그 결과의 중요성
이 짐의 행동을 바꿔놓았다. 다시 말해 과제에 대한
귀찮음보다 낙제에 대한 불안이 더 컸기 때문에 짐
은 더 이상 미루지 않고 과제를 해냈다.

따라서 우리는 행동 자체에 대한 개인의 심리(짐

의 경우 과제하는 과정)와 그 결과에 대한 심리(문학
과목 이수)가 특정한 행동을 수행할지 말지를 결정
하는 동기라는 결론을 내릴 수 있다. 각각의 욕구가
서로 맞섰을 때 더 강한 쪽이 그 사람의 행동을 결
정할 것이다. 그런데 오히려 엉뚱한 방향으로 몸과
마음이 기울 때도 있다. 이때 인간의 내면에서는 어
떤 일이 벌어지는 걸까?[1]

미래의 내가
현재의 나에게 보내는
시그널

〰〰〰〰〰〰〰〰 행동과 결과 사이의 심리적
대결에는 두 가지 시나리오가 존재하는데, 이는 구
분해서 알아두자. 첫 번째는 그 사람이 아직 행동을
시작하지 않았을 때 일어난다. 이를테면 짐이 과제
를 시작하기 전에 일어난다는 뜻이다. 그 경우 행동
과 그 결과는 모두 미래에 불과하다. 둘 다 미래에
대한 예측으로 마음속에 생각으로만 존재하는 것이
다. 두 번째는 그 사람이 이미 어떤 행동을 하는 도
중이나 거기에 한참 몰입하고 있을 때 일어난다. 예

를 들면 준서가 비디오게임을 하고 있을 때다. 그 경우 행동과 결과 사이에 차이가 있다. 현재 그 행동을 하고 있지만 그로 인한 결과는 아직 알 수 없는 상태다. 그 결과는 미래에 대한 전망이자 예측일 뿐이다.

짐의 경우, 논문을 쓰는 행위와 그 결과는 마음속에 가능성(그때 그 순간 자신에게 실제로 일어나고 있지는 않다)으로만 존재한다. 짐이 미루고 미루다 더 이상 미룰 수 없게 되었을 때 논문을 쓰기 시작한 이유가 불안 때문이라는 걸 우리는 분명히 알고 있다. 논문을 제출하지 못할 경우 벌어질 결과에 대한 불안감이 현재의 짐에게 '당장 해!'라는 시그널을 보낸 것이다. 하지만 짐이 논문을 쓰는 행위 자체도 미래의 일이다. 짐이 과제를 하려고 마음먹을 때마다 생기는 두려움 역시 현재의 짐에게 '일을 미뤄!'라고 시그널을 보낸다. 즉, 미래의 내가 행동과 결과에 따른 감정을 예측하여 현재의 나에게 지시를 내리는 것이다.[2]

이러한 근거에 비추어볼 때 한 사람에게 어떤 행동을 하게끔 동기부여를 하는 데 감정의 역할이 지대하다는 걸 알 수 있다. 앞으로 일어날 일이나 예정된 일을 떠올릴 때, 그 일과 관련된 생각이나 느낌이 그 사람의 현재 심경에 영향을 준다고 해도 과언이 아니다.

그렇다면 아직 행동을 시작하기 전이던 첫 번째 시나리오와 달리, 이미 행동에 한참 몰입하고 있는 경우에 일어나는 심리 갈등은 어떤 식일까? 다음 장에서 살펴보자.

왜 마지막 순간에
동기부여가
생길까?

~~~~~~~~~~~~~~~~ 준서는 현재 비디오게임에 열중하고 있다. 준서가 게임을 계속했을 때 발생할 결과는 예측에 불과하다. 이 경우 행동과 결과가 주는 감정이 준서에게 어떤 영향을 미칠까? 아마 첫 번째 시나리오보다 판단하기 쉬울 것이다.

준서가 게임을 그만해야겠다고 결심하면서도 손을 떼지 못한 까닭은 게임을 오래하면 어떤 결과가 나타날지(또는 게임 대신 할 수 있는 생산적인 일이 무엇인지)를 전혀 고려하지 않았기 때문이다. 여기서 우리는 현재의 경험(게임)과 그 경험에서 느끼는 즐거움에 비해 미래에 대한 전망은 강력하지 않다는 결론을 내릴 수 있다.

그러나 준서도 게임을 멈출 때가 있었다. 바로 예정된 일을 해야 하는 경우다. 이를테면 친구와의 약속 같은 것이었다. 이것은 짐에게 주어진 마감일과 같은 역할을 했다. 짐은 미루고 미루다 마감일이 다가오자 과제를 시작했고, 준서는 약속 시간이 다 돼서야 스스로 게임을 그만두었다. 우리는 똑같은 이유 때문에 그들의 행동에 변화가 생겼다는 걸 알고 있다. 그것은 바로 불안감이다. 말하자면 친구들을 바람맞혔을 때 나타날 결과에 대한 불안감이 그 원인이다. 그리고 준서가 비디오게임을 중단하게 만든 또 다른 이유는 배고픔이었다.

그러나 준서의 경우와 짐의 경우는 조금 다르다. 짐은 행동을 시작하느라(논문 작성) 애를 먹었지만 준서는 행동을 그만두느라(비디오게임 중단) 애를 먹었기 때문이다. 하지만 곰곰이 생각해보면 이 두 사례는 사실 똑같다. 바꿔 말하자면 짐은 미루는 행동을 멈추려 애쓰고 있다(실제로 어떤 일을 하며 과제를 미루었는지 모르겠지만 어쩌면 그것이 비디오게임일 수도 있다). 그리고 준서는 다른 일을 시작하려 애쓰고 있다(게임 대신 하고 싶은 일이 뭔지는 모르겠지만 어쩌면 친구와 만나기 같은 것일 수도 있다). 이처럼 각각의 시나리오는 두 부분으로 이루어져 있다. 한 가지 행동을 멈추고 다른 행동을 시작하는 것으로 말이다. 이 점을 명심하면 우리가 앞으로 알아나갈 동기부여 전략을 이해하는 데 도움이 될 것이다.

우리는 여기서 한 가지 사실을 확실히 알 수 있다. 게임을 그만두거나 과제를 시작하는 것처럼 하기 싫은 일을 하도록 동기부여를 하는 데 가장 효과적인 것은 구체적인 결과가 따르는 구체적인 미래의 일이라는 점 말이다.

사람들은 대부분 해야 할 일이 있어도 제때 안 한다. 그러다 더 이상 미룰 수 없을 때 그 일을 시작한다. 마지막 순간에 동기부여가 발휘되는 것이다. 도

대체 그 이유는 뭘까? 어떤 결과가 나타날지 실감할 때 비로소 의욕이 생기기 때문이다. 그러나 불안감이 딱 그때 느껴지기 때문은 아니다. 사람은 자신에게 주어진 일을 끝내야 할 때면 늘 불안감을 느낀다.

그리고 간과해서는 안 되는 사실이 있다. 앞에서 준서가 느낀 심한 배고픔은 강한 불안감과 유사하다는 점이다. 친구들과의 약속과 마찬가지로 그것이 준서가 게임을 그만두게 했으니 말이다. 감정뿐 아니라 신체적인 욕구 또한 중요한 동기라는 의미다.

무엇이
나의 행동을
방해하는가

〜〜〜〜〜〜〜 앞의 사례를 통해 사람들
이 무의식적인 행동을 하는 까닭은 그 행동과 결과
에 대한 상반된 욕구를 가지고 있기 때문이라는 점
을 알았다. 그 일을 하면 부정적인 결과가 나올 것
을 알면서도 그 일이 너무나 쾌락적이라서 그만두
지 못하는 경우와 유익한 결과를 가져올 것을 알면
서도 그 일에 대한 반감이 너무나 커서 하지 않는
경우가 있다. 다시 말해 전자는 그 일을 하려는 힘
이 강하고, 후자는 약한 것이다.

그러나 이 원리만으로는 이러한 조건이 존재하지 않는 수많은 유사 행동까지 설명하지는 못하며 이러한 조건이 존재하는 행동 다수도 완전히 설명하지는 못한다. 그 이유는 우리가 아직 고려해보지 않은 요인이 하나 더 있기 때문이다. 어떤 사람이 행동과 그 행동의 결과에 대해 매우 긍정적이며 능동적인 욕구를 지니고 있는 지극히 단순한 예를 들어보자.

크리스는 평소 농구를 즐긴다. 운동량이 많기도 하고, 달리 하고 싶은 것도 없기 때문이다. 그는 체육관에 있는 농구장에서 농구를 하고 싶지만 생각만큼 자주 가지는 못한다. 집에서 농구장까지 가는데 30분이나 걸리기 때문이다. 농구장에 가야겠다고 마음먹어도 소파를 박차고 일어나기가 쉽지 않다. 오래 걸어야 하는 게 귀찮아서다. 결국 농구장에 가지 않고 텔레비전을 보는 일이 더 많다.

여기에서 크리스는 농구라는 활동과 농구가 가져다주는 결과, 이를테면 즐거움과 건강을 모두 원한다.

그가 하기 싫은 것은 농구를 시작하기 위해 해야 하는 행동이다. 이것이야말로 게으름의 전형이라고 생각할지도 모르겠다. 그러나 농구장까지 가는 데 걸리는 시간이 두 시간 또는 네 시간이라면 어떨까? 모든 활동에는 이런 식의 진입 장벽, 일종의 시동 에너지가 존재한다. 그 활동이 아무리 바람직하고 장기적으로 유익할지라도 활동을 시작하는 데 필요한 행동을 하지 못하게 가로막는 것이 바로 진입 장벽이다.

이런 관점에서 보면 어떤 활동을 실행하는 데는 두 가지 요소가 있다. 활동을 시작하는 데 요구되는 행동과 그 활동 자체다. 따라서 하고 싶은 일을 시작하기 위해 우리 앞에 어떤 진입 장벽이 있는지 생각해봐야 한다. 십중팔구 그것이 하고 싶은 일에 몰두하지 못하게 가로막는 방해물 역할을 할 것이다. 대개 그것은 따분하고 힘들기 때문이다.

어떤 일(=활동)이 당장은 내키지 않지만 결과적으로는 바람직하다면 진입 장벽은 우리의 방해물이다. 반대로 게임처럼 어떤 일이 아무리 재밌어도 그 결과가 해롭다면 일을 시작하는 데 필요한 진입 장벽은 행동을 자제하게 도와주는 지원군이다. 우리는 하고 싶은 일을 해야 할 때, 혹은 하고 싶지만 해서는 안 되는 일을 멈춰야 할 때 언제나 이 진입 장벽의 영향을 받는다. 마음을 다잡으면서 내키지 않은 일을 해야겠다고 결심했을 때, 이미 뭔가에 빠져 있는데 도중에 그만두고 싶을 때, 모든 경우가 다 마찬가지이다.

숨은
동기부여
찾기

~~~~~~~~~~~~ 지금까지 우리는 해야 하는 일은 하지 못하고, 그만둬야 하는 일은 계속하게 되는 원인을 알아보았다. 원인은 바로 활동을 구성하는 세 가지 심리적 요소에 있었다.

세 가지 심리적 요소란 어떤 활동과 그 활동의 결과, 그 활동을 시작하는 데 필요한 노력이다. 이 요소들은 사람의 마음속에서 서로 힘을 겨루며 충돌하고 제 쪽으로 끌어당긴다. 이것은 그림으로 보면 더 이해하기 쉽다(오른쪽 그림 1 참고).

[그림 1] 활동의 세 가지 구성 요소

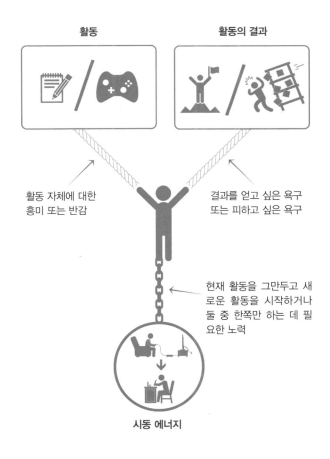

활동

활동의 결과

활동 자체에 대한
흥미 또는 반감

결과를 얻고 싶은 욕구
또는 피하고 싶은 욕구

현재 활동을 그만두고 새
로운 활동을 시작하거나
둘 중 한쪽만 하는 데 필
요한 노력

시동 에너지

그러나 이제 우리는 곧 막다른 길에 들어선 것처럼 어떻게 이 문제를 해결해야 할지 모르는 상황에 처한 기분이다. 정신적 투쟁, 호불호, 방해 요인과 같은 막연한 말로 행동을 분석하다 보면 오리무중 상태에 빠질 수 있기 때문이다. 그러한 상황을 막으려면 어떻게 해야 할까?

현재 직면한 문제를 더욱 깊이 이해하기 위해서는 미래의 행동과 그 결과를 곰곰이 생각해야 하고, 그때 사람의 마음속에서 벌어지는 실제 심리 작용을 좀 더 미시적으로 고찰해야 한다. 그렇게 해야만 사람이 행동 방향을 결정할 때 무엇이 가장 중요한 요인인지 알 수 있고, 그런 요인을 목적에 맞게 조종하여 자신의 행동을 제어하는 법을 배울 수 있기 때문이다.

사실 과학적 사고 과정에서는, 복잡한 문제가 있으면 그 문제의 해결책을 제시하기 전에 다각도로 접근하는 것이 일반적이다.

이제 우리는 동기부여에 대한 문제를 내관심리학

(자신의 심리 상태나 정신의 움직임을 내면적으로 관찰하며 연구하는 주관적 심리학-옮긴이) 관점에서 접근하려 한다. 내관심리학을 통해 우리는 인간의 동기부여에 대해 깊이 이해할 수 있을 뿐 아니라 중독에서 벗어나고 더 이상 일을 미루지 않고 일의 생산성을 높일 수 있다. 그러므로 동기부여가 잘 안 돼서 고민하고 있다면 내관심리학에 집중해보길 바란다. 현재 자신의 문제가 무엇인지, 왜 동기부여가 안 되는지, 어떻게 하면 동기부여를 할 수 있는지에 대한 해결책을 찾을 수 있다.

3장

"정말 하고 싶은데
왜 이렇게 하기 싫지?"

동기부여의 심리적 메커니즘

고통의
두 얼굴

먼저 우리를 행동하게 하거나 멈추게 하는 데 신체 감각이 어떤 역할을 하는지부터 알아보자. 가장 기본적인 사례로 무릎 통증에 시달리는 A와 B를 예로 들겠다. 만약 다른 모든 요건이 같은데 A가 B보다 걸을 때 더 심한 통증을 느낀다면 B가 A보다 더 멀리 걸을 수 있다는 걸 우리는 알 수 있다. 한 명을 추가해도 마찬가지다. A, B와 다른 조건이 모두 같지만 두 사람보다 무릎 통증이 더 심한 C가 있다면 그가 나머지 둘보다 더 빨리 걷기를 포기할 것이다. 고통이 우리에게 미치는 영향은 바로 이런 식이다. 그 원인이 무엇이든 간에 고통을 유발하는 행동을 멈추려 한다. 고통이 클수록 그 고통을 멈춰야 할 동기도 커진다.

이 사례 속 인물이 느낀 진정한 동기는 고통을 제거하거나 적어도 줄여보겠다는 단순한 동기이다. 이 동기는 오직 신체적 고통이 있을 때만 생기는 건 아니다. 말 그대로 고통스럽고 불쾌한 모든 것에 반응한다. 배가 고플 때는 몸이 허기를 느끼는데, 이것을 강하게 느낄수록 음식을 먹으면서 허기를 달래려는 동기도 커진다. 추위가 심해질수록 따뜻한 것을 찾으려는 동기가 강해지고, 가려움이 심해질수록 긁고 싶은 동기가 커진다.

그러한 고통을 경험하고 있을 때는 그 고통을 가라앉히는 행동을 하려는 욕구가 생길 뿐 아니라 그 고통을 달래주지 않는 다른 모든 행동을 하지 않으려는 욕구도 생긴다. 요컨대 고통은 동기를 부여하기도, 없애기도 한다. 이것은 고통의 강도에 따라

크게 좌우된다.

　설사, 구토, 고열 등으로 굉장히 아픈 사람은 바라던 일을 당분간 모두 포기하고 불쾌감을 조금이나마 덜 수 있는 활동 이외의 모든 일에는 흥미를 잃는 법이다. 이때는 설령 대통령한테 전화가 걸려와도 내일 다시 전화하라며 끊을 것이다.

먼저
불쾌감부터
해소하라

━━～～～～━━ 앞서 말한 원칙을 감정에도 확대하여 적용할 수 있는지 살펴보자. 감정적 동기 부여의 힘을 부인하는 사람은 없을 것이다. 일상에서 우리는 동기부여라는 말을 사용할 때 감정의 역할을 은연중에 인정하고 있다. 이를테면 배우는 어떤 장면을 촬영하기 전에 배역에 몰입하기 위해 끊임없이 질문을 한다. '내 역할은 무엇 때문에 이런 행동을 하는 걸까?' 또는 '내 역할은 지금 왜 이런 감정을 느낄까?'를 물으면서 연기에 임하는 것이다.

즉 '그 일을 하는 나의 동기는 무엇인가?'를 모색한다. 또한 우리는 2장에서 제시한 사례를 통해 불안이라는 감정이 어떻게 인간의 행동을 바꾸었는지도 살펴보았다. 과제를 자꾸 미루던 짐은 불안감 때문에 결국 논문을 완성할 수 있었고, 비디오게임에 빠져 있던 준서는 불안감 때문에 마침내 게임을 그만둘 수 있었다.

불안감처럼 슬픔이나 분노와 같은 감정은 신체적 불쾌감을 유발한다. 이런 감정에서 비롯된 행동들은 그 불쾌한 감정을 달래거나 덜어내는 결과를 가져온다(때로는 불쾌한 감정을 유쾌한 감정으로 대체하기도 한다). 분노를 느끼는 사람은 자신을 화나게 한 상대(또는 사물)에게 복수하려 들 테고, 복수를 하면 분노는 사라질 것이다. 불안한 사람은 대개 불안감을 유발하는 것은 무엇이든 피하려 들 테고, 그것을 피하고 나면 그 즉시 불안감은 사라질 것이다. 슬픔이라는 감정의 작용은 훨씬 복잡하지만 일반적으로 당사자는 자신을 슬프게 하는 상황에서 벗어나려

할 것이다. 그런 식으로 슬픈 감정을 없애지는 못해도 달랠 수는 있다.

이러한 심리 작용에 비추어 보면, 감정적 동기부여는 슬픔과 분노 등과 같은 감정이 유발하는 신체적 불쾌감에서 벗어나려는 노력에서 비롯된다고 볼 수 있다. 슬프고 불안한 상황에서 도망치거나 상대에게 복수하려는 심리는 엄마에게 칭찬을 받기 위해 열심히 공부하는 심리와 유사한 동기부여를 일으킨다.

하지만 영향력이 같다고 하여 근본적으로 방법이 같은 것은 아니다. 화가 나서 복수하길 바라는 사람과 배가 고파서 음식을 먹길 원하는 사람은 다르다. 또한 구역질이 나서 토하고 싶은 사람과 성적으로 달아올라 섹스가 하고 싶은 사람은 다르다.

또한 감정적 동기부여는 감정이 유발하는 신체적 불쾌감 때문에 이루어지기도 하지만, 다른 종류의 신체적 불쾌감이 감정을 이기는 경우도 있다. 예를 들면, 숫기 없는 아이가 부끄러워서 선생님에게 화장실에 가도 되냐고 말하지 못하다가, 배뇨 욕구가 너무 커지면 부끄러움을 무릅쓰고 말하는 경우다. 사춘기 아이가 잔뜩 짜증이 나서 엄마에게 화풀이를 할 생각으로 밥을 안 먹겠다고 했다가 짜증보다 배고픔이 앞서자 결국 굴복하는 경우도 마찬가지다. 양심적이거나 신앙심이 깊은 사람도 십중팔구는 수치심보다 자연스러운 성적 충동(분명 불쾌감과 긴장감을 수반할 것이다)이 커져서 성교나 자위로 충동을 해소하기도 한다.[3]

이 같은 사실을 살펴봄으로써 인체 기능에서 가장 중요한 심리적 메커니즘을 밝혀냈다. 감정이 신체적 불쾌감을 유발하는 경우이든, 신체적 불쾌감 자체가 감정을 이기는 경우이든 인간 몸의 생물학적 기능을 실행하도록 동기부여를 하는 때는 이렇듯 불쾌함이나 고통에서 벗어나거나 최소한으로 줄이고자 하는 심리적 욕구(좀 더 정확히는 충동)가 생기는 때다. 더욱 충격적인 것은 이와 같은 충동 메커니즘이 우리 스스로 비이성적이고 불필요하다 생각했던 행동들의 원인이라는 점이다.

그러나 그런 보편적인 결론이 모든 걸 설명해주지는 않는다. 우리가 지금 쥐고 있는 카드는 절반에 불과하다. 인간에게는 고통을 줄이려는 욕구뿐 아니라 쾌락을 늘리려는 욕구도 존재하기 때문이다.

왜 이렇게
집중이
안 될까?

—————〰〰〰〰————— 평정의 상태, 즉 즐겁지도 불쾌하지도 않은 사람을 예로 들어보자. 이 사람이 하고 싶은 일은 당연히 즐거운 일일 것이다. 어느 쪽도 아닌 상태의 이 사람은 지금 심심해하고 있을 테니까.[4]

이런 상태의 사람은 쾌락을 얻을 만한 일에 자연스럽게 끌리게 된다. 그것은 비단 쾌락적인 행동에만 머물지 않는다. 그런 행동을 할 수 없는 상황이라면 대신 쾌락을 느낄 만한 생각을 할 수 있다. 즉,

행복했던 기억을 떠올릴 수도 있고 흥미로운 상상의 세계에 빠져들 수도 있다. 그조차도 불가능해서 의식적으로 쾌락을 추구하지 못하면 그때는 무의식이 작용해 환각으로라도 쾌락을 갈구하려 할 것이다. 무의식은 머릿속에서 음악을 재생하거나 희망적인 속삭임을 들려줄지도 모르고, 어쩌면 즐거운 환영을 보여줄지도 모른다.

누구에게나 그런 경험이 있을 것이다. 가끔 어떤 노래가 머릿속에서 계속 맴돌거나 마음속으로 문득 특정한 문구(여담이지만 이런 구절은 대개 자화자찬이나 힘을 북돋우려는 성격을 띤다)가 떠오를 때, 혹은 종종 몽상에 빠지거나 비디오게임, 텔레비전 시청, 때로는 야한 동영상 같은 것에 빠져 열중하게 되는 때도 마찬가지다. 이 모든 것에는 쾌락이라는 본질이 숨어 있다. 당신을 즐겁게 하거나 쾌락으로 이끌기 위해 무의식적으로 노력하고 있는 것이 바로 당신의 마음이다.

마음은 단순히 쾌락을 얻으려고만 하지 않고 쾌

락의 양을 증가시키려고도 한다. 이제 막 잠에서 깬 사람이라면 책(딱히 흥미진진하지 않은 책이나 교재)을 읽거나 창의적인 일을 하는 것만으로도 가벼운 쾌락을 느낄 수 있다. 그러나 더욱 큰 쾌락, 즉 게임을 하거나 텔레비전을 시청한 후라면 그것보다 더 즐거움을 주는 일이 아니면 만족할 수 없을 것이다. 한번 맛본 쾌락은 오래 지속되지 않고 시간이 지날수록 그 크기가 감소하는 것처럼 느끼기 때문이다.

이런 심리 작용은 어떤 일을 하다 갑자기 정신이 산만해진 경험이 있다면 누구나 공감할 수 있을 것이다. 예를 들어 책을 읽고 있는데 어느 순간부터 몰입하지 못하고 딴생각이 들 때가 있다. 일단 이렇게 흐름이 끊기면 다시 책에 집중하기가 어려워진다. 억지로 눈을 책에 묶어두려 해도 얼마 못 가 잡념에 빠지기 쉽다. 잡념이 독서보다 더 큰 쾌락을 주기 때문이다. 더 자극적이고 유쾌한 생각에 뇌가 점령당하고 나면 무의식적으로 독서를 뒷전으로 만든다. 또한 읽고 있는 책 때문에 화가 나거나 슬퍼지는 등 부정적인 감정을 느끼면 우리의 생각은 자연스럽게 그런 감정을 없애려고 노력한다.

우리의 주의력이 순식간에 이탈하는 원인은 둘 중 하나다. 더 쾌락적인 것 때문이거나 뭔가 불쾌한 것 때문이거나. 이는 비슷한 유형의 사례에서도 적용된다. 생각이 갑자기 삼천포로 빠지거나 강의를 듣던 도중 딴생각에 빠지는 것처럼 말이다.

쾌냐, 불쾌냐
그것이 문제로다

~~~~~~~~~~~ 지금까지 살펴본 바로는 신체 감각으로 느끼는 쾌락과 불쾌가 인간의 인지와 행동에 영향을 주고 있다는 걸 알 수 있다. 이런 영향력의 본질을 간단하게 설명하면, 인간은 본능적으로 쾌락은 늘리고 불쾌는 줄이려고 한다는 것이다.

19세기 말부터 20세기 초의 심리학자들은 실제로 이런 관념을 널리 인정하고 수용했다. 쾌락을 추구하고 불쾌를 피하는 것이 당시 심리학계의 중심 관념이었으며, 나머지 심리 기능은 모두 그런 무의식에 기반을 두고 있다고 생각했다. 프로이트는 이러한 무의식을 쾌락 원칙이라 불렀다. 최근의 현대 심리학에서는 이 중심 관념을 부정하는 경향이[5] 있으나 경험을 통해 알 수 있듯이 인간의 동기 대부분은 부정할 수 없이 이 요인, 즉 쾌락 원칙에 따라 결정된다.

이 점을 깨달은 것만으로도 인간의 심리를 파악하는 핵심 키워드를 찾았다고 할 수 있다. 쾌락 원칙을 파면 팔수록 계속해서 놀라운 발견을 하게 될 것이다. 인간이 하는 거의 모든 일의 동기에 쾌락 원칙이 관련되어 있다고 해도 과언이 아니다. 사실 쾌락 원칙은 사람의 행동과 생각의 방향을 결정하는 주도적인 역할을 하고 있다.

자기 자신에게서 이런 영향을 포착하는 데 익숙해지면 아침에 잠자리에서 일어나는 것처럼 사소한 행동마저도 모두 이런 쾌락과 불쾌의 동기가 작용한다는 사실을 알게 될 것이다. 침대에 누워 있을 때도 쾌락을 얻을 수 있지만, 더 큰 쾌락에 대한 기대(간밤의 스포츠 경기 결과에 대한 궁금증, 좋아하는 드라마의 다음 화를 보고 싶은 욕구 등)나 빨리 해결하고 싶은 불쾌(배뇨 욕구, 허기, 짜증 나는 알람 소리, 처리하지 못한 일에 대한 불안감, 또는 늦잠 때문에 밀려드는 혐오감 등)는 우리가 잠자리를 박차고 일어나게 만든다.[6] 완전히 잠에서 깼더라도 이불을 걷어찰 동기가 더 필요하다. 잠자리에서 일어나는 행위 자체가 쾌락적일 수 없는 행위이기 때문이다. 특히 이불을 빠져나오면 냉기를 마주해야 하는 환경이거나 2층 침대라 사다리를 타고 내려와야 하는 경우라면 더욱 그럴 것이다.[7]

지금까지 발견한 내용으로 쾌락을 늘리고 불쾌를 줄이는 것이 주요한 동기부여 방법일 뿐 아니라 동기부여의 정수 자체이기도 하다는 점을 알 수 있다. 이렇듯 쾌락 원칙은 인간의 생각과 행동에서 지배적인 역할을 하고 있는데도 우리는 일상에서 쾌락과 불쾌가 동기부여에 중요한 역할을 한다는 것을 완전히 망각하고 있다. 자신의 감정을 의식해도 보통 그 감정이 자신의 생각과 행동의 결과라고만 여기는데, 사실 감정 자체가 원인이다.

이렇듯 쾌락 원칙이 동기부여에 가장 기초적이고 주도적인 역할을 하며, 무의식적 본질이라는 걸 깨달았다면 이제 더 이상 그것이 무의식적 메커니즘의 원동력이라는 점을 의심할 수 없을 것이다. 우리는 심리학 이론에서 이런 요소만의 자리를 인간 정신 속 고유한 무의식 체계와 마찬가지로 별도로 마련해야 할 것이다.[8] 이미 널리 알려지고 방대한 연구가 이루어진 무의식적 연상 체계와 별개로 말이다. 내가 조심스럽게 제안하는 명칭은 '무의식적 쾌락'이다.

쾌락이
진화에 미치는 영향

───〜〜〜〜〜〜〜─── 일단 무의식적 쾌락이 인간의 생각과 행동을 결정하는 핵심 요소라는 걸 인정하면 그것이 관장하는 기능뿐 아니라 그것을 관장할 수단이 동물에게도 존재한다는 사실을 무시할 수 없다. '의식적인 자유의지'는 인간만의 능력으로 무의식적 쾌락과는 별도로 작용하며 무의식적 쾌락에 저항하는 기제이며, 하등동물에게서는 찾아볼 수 없다. 따라서 쾌락 원칙이 인간의 행동을 지시하고 관장한다면 이것이 동물의 행동에도 같은 기능

을 할 것이라고 추정할 수 있다. 또한 이 원칙은 진화 초창기의 생물에도 유효하다.

무의식적 쾌락은 딱 두 가지 요인, 즉 쾌락과 불쾌에만 적용한다. 무의식적 쾌락의 유일한 기능은 그 생물로 하여금 쾌락을 추구하고 불쾌를 피하도록 유도하는 것이다.

생명의 최초 기원까지 거슬러 올라가면 박테리아에서 이런 유형의 이원적 기능성을 볼 수 있다. 단순한 박테리아는 자신에게 이로운 필수 영양소를 감지하면 섬모를 이용해 그곳으로 헤엄쳐 나아간다. 반대로 독성이 있고 자신에게 해로운 것을 감지하면 섬모를 이용해 마치 도망치듯 멀리 이동한다. 이것이 설령 무의식적 쾌락이 진화하기 시작한 방식이 아니라 할지라도, 적어도 그 기원은 같은 뿌리에 있을 것이다. 단세포 생물은 유해한 것을 피하고 영양소를 구하기만 하면 되었을 테고, 이것이 바로 진화에 필수적인 출발점이다.

최초로 이원적 체계가 생기고 그보다 더욱 복잡

한 생물은 더욱 다각적인 기능성을 요구하며 진화했을 것이다. 그럼에도 기반으로 삼은 토대는 이원적 체계였을 것이다. 진화의 경로를 따라가다 보면 본능과 감정이 생겨난 것을 알 수 있다. 생물은 환경에 적응하기 위해 쾌락 원칙을 기반으로 본능과 감정을 활용했을 것이다.[9]

복수는
당연한 것

〰〰〰〰〰〰 인간은 단순히 이로운 것과 해로운 것을 구분할 뿐 아니라 훨씬 더 복잡하고 다양한 일을 수행해야 한다. 이 일들을 더 잘 해낼 수 있도록 진화하며 생겨난 것이 감정이다. 감정은 쾌락 원칙을 기반으로, 무의식적 쾌락에 따라 행동에 동기부여를 한다. 감정이 동기를 부여하는 행동은 의심의 여지없이 인간을 점점 더 이롭게 진화시켰다.

분노라는 감정을 예로 들어보자. 화가 난 사람은 자신을 화나게 만든 상대방에게 보복하고 싶은 마음이 들 것이다. 분노는 매우 불쾌한 감정이다. 분노를 없애기 위해 생물학적으로 우리 몸에 밴 방법은 복수다. 복수를 완수하면 만족감과 쾌락을 느낄 수 있다. 분노는 피해자가 되지 않겠다는 저항이자 가해자에 대한 응징으로 이어지는 감정이다. 그것이 당장의 상처를 치유하지는 못하더라도 상대방에게 대가가 따를 것임을 알려주기 때문에 또 있을지 모를 공격으로부터 자신을 보호할 수는 있다. 분노가 지닌 진화적 이점은 앞으로 발생할 위험을 피하도록 한다는 점이다. 그리고 이런 점은 동물들과 똑같다.

다음으로 불안감을 살펴보자. 불안한 사람은 불안감이 매우 불쾌하기 때문에 어떻게 해서든 이 감정을 없애려고 할 것이다. 그러기 위해서는 불안을 불러일으키는 요소를 최대한 피해야 한다. 만일 불안감의 원인이 자신이 저지를지도 모르는 특정한 행동 때문이라면 가능한 한 그 행동을 하지 않으려 애쓸 것이다. 하지만 반대로 자신이 해야 할 행동을 하지 못할까 봐 불안한 것이라면 반드시 그 일을 해내려고 애쓸 것이다.

다양한 감정과 그 감정이 동기를 부여하는 행동, 그로 인해 얻을 수 있는 이익은 너무 많아서 여기서 다 분석할 수 없을 정도다. 그러나 모든 감정이 쾌락 원칙에 근거한다는 주장은 이해할 수 있을 것이다.

학습된
본능

〜〜〜〜〜〜〜〜 이번에는 동물의 행위를 토대로 본능에 대해 살펴보자. 동물도 인간과 마찬가지로 어떤 자극에 노출될 때 거기에 현혹되거나, 불쾌감을 느낄 때 그것을 없애기 위해 특정 행위를 한다고 추정할 수 있다. 새는 붉은색을 보면 부리로 쪼는데, 혹시 이것은 붉은색이 새에게 불쾌감을 유발하기 때문이 아닐까?[10] 새끼 오리는 어미가 안 보이면 불안해서 그토록 어미를 맹목적으로 따라다니는 건 아닐까? 물고기가 자신의 알을 지키는 것은

불안함을 줄이려는 행위는 아닐까? 짝짓기 시기가 되면 어떤 동물이든 본능적으로 짝짓는 방법을 알게 되는데, 혹시 짝짓기 행위가 내적 흥분을 일으키는 것은 아닐까? 짝짓기 철에 내는 구애 울음소리도 감정 없이 내지르는 게 아니라 스스로 성적 욕망을 표출하면서 만족감을 느끼는 건 아닐까?

뇌의 진화 과정을 좀 더 따라가보자. 본능과 감정이 진화한 후 혹은 진화와 동시에 연상 기억이 진화했고, 이로써 뇌가 자극을 각인하고 그 자극이 유발한 쾌락, 고통, 감정, 본능을 자극과 연관해 생각하는 능력이 생겼을 것이라고 추론할 수 있다. 이 같은 진화 덕에 인간은 과거의 경험을 토대로 자신의 행동을 결정할 수 있고 학습도 가능해졌다. 이 모든 일이 벌어진 후에야 비로소 인간만의 특성인 이성적이고 명료한 사고와 상상력을 얻게 되었다.

벼랑 끝에
나를 세워라

이만큼 훑어보았으면 이제 인간 행동에 미치는 요소들의 복잡한 상호작용을 이해할 수 있을 것이다. 외부 요인뿐 아니라 감정, 본능, 연상, 상상에서 비롯한 감각은 모두 쾌락 또는 불쾌의 원천이며 어떤 식으로든 인간의 행동과 인식에 영향을 준다. 그 모든 것은 결국 동기부여의 첫 번째 층위, 즉 인간의 몸과 마음을 좌지우지하는 무의식적 쾌락에 직접 작용한다. 그러므로 우리는 다음과 같은 결론을 내릴 수 있다.

'인간의 생각과 행동 이면에 숨은 가장 결정적인 변수는 목표 인지가 아니라 목표를 향한 의욕이다.'

따라서 우리는 무엇이 인간의 행동에 근본적인 영향을 끼치는지 이해할 수 있다. 신체 감각과 정신 감각(생각, 관념, 기억, 신념 등)을 쾌락으로 느끼는가, 불쾌로 느끼는가? 바로 이것이 행동을 결정하는 것이다.[11]

과제를 계속 미루었던 짐의 사례로 돌아가보자. 불안감은 분명 피하고 싶은 감정인데, 그것이 오히려 과제를 미루고만 있는 짐에게 벼락치기로라도 과제를 하게 만들었다는 사실에 의아했을지도 모르겠다. 더욱이 마감이 코앞으로 다가왔을 때까지도 별로 영향을 주지 못했던 불안감이, 왜 마지막 순간이 돼서야 위력을 발휘했을까? 그가 과제를 미루던 때의 불안감은 과제를 마치지 못했을 때 벌어질 미래에 대한 불안감이지만, 나중에 얼마든지 할 수 있다는 생각이 그것을 떨쳐버리기 쉽게 만들었다. 그러나 더 이상 갈 수 없는 벼랑 끝에 서면 불안감은

최고조에 달하고, 그것을 떨쳐버릴 수 있는 유일한 수단은 과제를 하는 것뿐이다.[12]

또한 미래에 벌어질 일에 대한 감정적 반응은 그 일에 대해 지금 품고 있는 기대와 아주 밀접하게 연관되어 있다. 예를 들어 과제를 미루고만 있는 사람은 아무리 자신을 세뇌시키려 해도 자신이 이미 과제를 끝냈다거나 애초에 과제는 없었다고 속일 수 없다. 마찬가지로 대가가 없는 일을 하는 사람도 그 일을 끝내면 대가가 돌아올 거라고 스스로를 설득할 수 없다. 마감이 없는 일을 하는 사람 역시 마감이 주는 스트레스와 불안감을 억지로 꾸며낼 수가 없다. 그렇기 때문에 우리 중 대부분이 마감이나 강제성이 없는 일을 할 때 작심삼일이 되는 경우가 허다하다.

세 가지 일을
한번에
한다고?

～～～～～～～ 이 장을 마치기 전에 마지막으로 멀티태스킹에 대해 논하고 싶다. 만약 한 가지 일을 할 때 필요한 주의력이 일의 가짓수가 느는 만큼 두 배, 세 배 할당된다면 한번에 여러 가지 일을 해낼 수 있을 것이다. 하지만 우리가 쓸 수 있는 주의력은 한계가 있으며, 일에 따라 필요한 주의력이 다르다. 또한 주의력은 한결같지 않고 하루에도 몇 번이고 오르락내리락한다.[13]

세상을 지각하고 뭔가 행동으로 옮길 때 우리는

주의력을 사용한다. 우리가 지각하는 것은 외부에서 받은 자극뿐만이 아니다. 의식적 사고와 상상, 무의식적 사고와 연상도 지각한다. 우리는 이 모든 것을 동일한 지각 체계를 통해 경험한다.[14] 이 지각 자극들은 처리 과정에서 한계가 있는 주의력의 양을 두고 경쟁을 벌인다. 처리해야 할 일거리가 많을수록 주의력은 약해질 수밖에 없다. 한 조각의 피자를 한 사람이 먹을 때와 두 사람이 나눠 먹을 때의 양이 다른 것과 마찬가지다. 그러므로 한 번에 두 연설을 듣고 둘 다 이해하긴 어렵다. 책을 읽고 있는 동안 다른 사람과의 대화까지 집중하긴 어렵고, 게임을 하면서 텔레비전까지 본다면 게임에 필요한 전략을 세우기 힘들 것이다.

외부의 자극을 처리하는 데 완전히 몰두하면 생각을 많이 할 수 없고, 마찬가지로 머릿속이 생각으로 가득 차면 외부 세계를 파악하기 어렵다. 꿈을 꾸는 동안에는 의식적 사고를 하기가 거의 불가능하고, 환각에 시달리는 조현병 환자 역시 현실을 명확하게 인식하거나 의식적 사고를 지속하지 못한다.

수의 행동(隨意行動, 무의식적으로나 강박적으로 일어나는 행동-옮긴이)에도 주의력이 필요한데, 몸이 어떤 감각을 느낄 때나 그 부위를 움직일 때도 그만큼의 주의력이 필요하다. 사실 이 둘은 불가분의 관계다. 신체적으로 어떤 감각을 잃게 되면 그 부분을 움직이는 능력 또한 잃게 된다.[15] 운동선수들도 딴생각을 하면 경기력과 반응 속도가 떨어지는데, 이는 주의력이 분산되었기 때문이다. 우리가 걷는 동안 다른 데 정신이 팔리면 가끔 발이 걸려 넘어지는 것도 같은 이유다.

눈을 뜨고 있으면 주변이 시야에 들어오는 것이나 별생각 없이 환상에 빠지는 것은 무의식적으로 일어나는 일이다. 그러나 의식적 사고는 자신이 적극적으로 끌어내야 하고 주의력을 많이 쏟아야 한다.

여기서 주의력을 다룬 이유는 무의식적 쾌락이, 쾌락을 늘리거나 불쾌를 줄이기 위해 사용하는 수단이 바로 주의력을 빼앗는 것이기 때문이다. 무의식적 쾌락은 우리에게 쾌락을 줄 때나 불쾌감을 없 앨 때 생각, 행동, 연상, 환상 등을 이용하는데, 이때 우리가 필요한 곳에 쏟아야 할 주의력을 빼앗아간다.

주의력을 동기부여 수단으로 사용할 때 반드시 알아야 할 점은 우리는 주어진 주의력을 전부 소진하려는 욕구가 있다는 것이다. 우리는 주의력을 전부 활용하지 못하면 불쾌감을 느끼며, 활용하지 못하고 남아도는 주의력을 어떻게든 쓰려고 한다. 예를 들어 너무 쉬운 상대와 게임을 할 때 우리는 주의력을 전부 쏟지 않아도 되니 게임을 하면서 다른 일도 하려고 한다. 텔레비전을 보거나 음악을 듣기도 한다. 이런 보충 활동은 대개 손으로 뭔가를 만지작거리거나 방 안을 서성이는 등 의미 없는 행동인 경우가 많다. 만일 그런 행위가 쾌락을 늘리거나 불쾌를 줄이는 데도 효과가 있다면 금상첨화일 것이다.[16]

천하무적,
무의식적 쾌락

━━〜〜〜〜〜━━ 한 사람에게 쾌감과 불쾌감이 동시에 덮치면 어떻게 될까? 이때 쾌감과 불쾌감은 서로 주의력을 더 차지하려고 다툴 것이다.

여러 가지 자극이 몰려들 때, 그중 한 자극에 기울이는 주의력이 크면 클수록 사람은 그 자극에 대한 지각을 더 생생하게 받아들인다. 이는 무의식적 쾌락의 기능과도 부합한다. 사람은 자극이 인지에 영향을 주라고 맨 먼저 요구하는 것(고통스러운 것이든 즐거운 것이든 상관없다)을 지각하게 된다. 따라서 감각이 강렬할수록 그 감각에 기울이는 주의력이 무의식적으로 커진다.

여기서 중요한 점은 인간이 주의력을 어디에 쏟을지 어느 정도 제어할 수 있다는 점이다. 우리는 이런 능력을 보통 정신력이라 부른다. 이 정신력은 무의식적 쾌락과 충돌하는데 무의식적 쾌락을 이겨 내지 못할 때가 많다. 즐겁지도 않고 별 소득도 없는 생각이나 행위일 경우 우리는 그 일에 주의력을 기울이기도, 주의력을 지속하기도 어렵다.[17]

그러나 우리는 자신이 어디에 주의력을 기울일지 선택할 수 있다. 그 덕분에 간접적으로 무의식적 쾌락을 억제할 수도 있다. 자신의 주의력을 의식적으로 한곳에 기울이면 쾌락과 불쾌의 정도를 어느 정도 완화할 수 있는 것이다.[18] 예를 들어 짜증 나는 업무에 걱정거리까지 더해진 상황이라면 어떤 일부터 처리할지 의식적으로 선택하는 것이 도움이 될 수 있다. 순서를 정하면 업무와 걱정을 동시에 하지 않아도 되므로 정신이 팔리지 않을 수도 있고, 결과적으로 불쾌감도 덜 수 있다.

이런 점을 염두에 두고 다음 장으로 넘어가보자. 다음 장에서는 정신력, 주의력, 무의식적 쾌락의 미묘한 차이를 좀 더 자세히 살펴보겠다.

4장

"재미없는 건
절대 못 참아!"

나를 움직이게 하는 원초적 본능, 쾌락

너무 불쾌해서일까
너무 즐거워서일까?

———————————— 우리는 1장에서 다양하면서도 비슷한 이유로 목표를 이루지 못한 다섯 가지 사례를 살펴보았다. 이 행동들은 크게 중독, 미루기, 게으름 유형으로 나눌 수 있다. 사례 속 등장인물들은 자신이 하고 싶은 일을 하지 못하거나 하고 싶지 않은 일을 바로 그만두지 못했다.

또한 활동을 구성하는 세 가지 요소인 실제 행동과 그 행동의 결과, 행동을 실행하거나 중단할 때 필요한 노력에 대해 알아보았다. 그리고 이 요소들이 마음속에서 충돌하며 심적 갈등을 일으킨다는 것과 이런 종류의 갈등은 때때로 불안에서 비롯된다는 점도 확인했다. 그러나 이런 갈등이 실제로 어떤 심리적 영향력이 격돌해서 발생하는지는 알 수 없었다.

하지만 가장 근본적인 심리적 영향력에 대해서는 정확히 알고 있다. 바로 쾌락과 불쾌다. 3장에서 얻은 통찰로 우리는 이제 다섯 가지 사례의 행동을 이해하고 어떻게 하면 바꿀 수 있는지 알게 되었다. 그와 유사한 행동들도 이 원리에 대입해 제어할 수 있다. 핵심은 논리에 호소하거나 정신력을 기르는 게 아니다. 무의식적 쾌락의 심층적 기능에 호소해야 한다.[19] 그러나 무의식적 쾌락을 활용하는 방법을 익히기 전에 실제로 무의식적 쾌락이 어떻게 작용하는지부터 살펴보는 것이 좋겠다.

불쾌를 줄임으로써 동기부여가 되는 행동과 쾌락을 늘림으로써 동기부여가 되는 행동은 근본적으로 다르다. 쾌락은 불쾌보다 동기를 부여하는 힘이 약하지만, 조절하는 방법은 불쾌보다 다양하다.

불쾌를 없애거나 완화하기 위해 할 수 있는 일은 실제로 얼마 안 된다. 허기는 먹는 것으로, 추위는 난방으로, 피로는 수면으로, 가려움은 긁어서, 요의는 배뇨로 해결할 수 있다. 우리는 자신에게 무엇이 필요한지 인지하면 그 방향으로 주의력을 쏟는다. 배가 고픈 사람은 냉장고를 열어보거나 배달 음식을 검색할 것이고, 피곤한 사람은 쪽잠이라도 잘 궁리를 할 것이다. 성적 욕구를 해소하고 싶은 사람은 섹스 생각에 빠지게 되고, 누군가에게 화가 난 사람은 복수 생각에 사로잡힌다.[20]

하지만 쾌락을 늘리는 건 또 다른 문제다. 쾌락은 조금이라도 늘어나면 어느 정도는 만족감을 느낄 수 있다. 웹툰을 보거나 음악을 듣는 것만으로 쾌락은 조금 늘고, 섹스를 하면 상당히 늘어날 수도 있다. 무료하고 심심한 사람은 쾌락의 양보다도 조금이라도 즐거울 수만 있다면 무슨 일이든 할 것이다. 그럴 때 선택하는 일은 다른 쾌락 요인에 크게 좌우

된다. 예를 들어 그 일을 하기 위해서는 어떤 노력이 필요한지(귀찮음이나 조금의 경제적 손실을 감수할 만한지), 어떤 결과를 기대할 수 있는지 같은 요소다. 이렇게 자신이 취할 수 있는 행동이 다양하고, 그런 행동들이 모두 쾌락을 얻을 수 있는 경우에는 이성적 판단과 정신력이 판단에 영향을 미칠 수 있다.

여기서 가장 중요한 것은 우리가 원하는 것이 불쾌를 줄이는 것인지, 쾌락을 늘리는 것인지 알아야 한다는 것이다. 흡연이나 자위 같은 행동은 둘 중 한 가지가 동기일 수 있으나 둘 다 동기일 수도 있다. 이렇게 동기를 미리 파악해야 하는 이유는 각각의 대처법이 다르기 때문이다.

즐거움은
어디에서
오는 걸까?

━━━━～～～━━━━ 우리는 스스로를 얼마나 통제하고 있을까? 많은 사람들이 자신의 생각과 행동을 스스로 통제하고 있다고 믿는다. 우리는 정말 우리의 주인일까? 아니면 그렇게 착각하고 있는 걸까?

무의식적 쾌락은 굉장히 모호하고 알아차리기도 어렵다. 무의식적 쾌락은 의식 속에 깊숙이 숨어 있기 때문에, 우리에게 어떤 영향을 주는지, 어떤 지배력을 갖고 있는지 까맣게 모르고 산다. 무의식적 쾌락은 불친절해서 우리가 눈치를 챌 때조차도 암시적으로 나타날 뿐이다.[21] 또한 우리 삶 속에 늘 존재하는 이런 무의식적 체계는 언제나 만족을 좇는다.

그럼에도 불구하고 인간은 자신의 주의력을 어느 정도는 의식적으로 제어할 수 있다. 물론 그때는 무의식적 쾌락과 치열하게 싸워야 한다. 쾌락을 주지도 않고 불쾌가 줄지도 않은 일에 집중하기란 매우 어렵다. 괴로운 기억을 떠올리려고 할 때나 지루한 책을 읽을 때, 마음속에서는 자꾸 쾌락적인 생각들이 불쑥불쑥 끼어든다. 이렇듯 우리 스스로가 통제력을 쥐고 있다고 생각할 때도 대개는 무의식적 쾌락과 싸우고 있다.

그러나 주의력을 불쾌하거나 이도저도 아닌 일에 기울이는 게 드문 일은 아니다. 주의력은 한 가지 대상에만 쏟을 수 있는 게 아니기 때문이다. 주의력은 얼마든지 나눠 쓸 수 있다. 여러 가지 생각이나 일, 감각에 분배할 수 있다. 무의식적 쾌락은 항상 쾌락을 늘리고 싶어 하는데, 이는 주의력의 일부만 사용해도 충족된다.

무의식적 쾌락을 만족시키는 게 사실 어려운 일은 아니다. 정신이 백지상태일 때는 자연스럽게 쾌락 욕구가 생기지만 대개 아주 소소한 즐거움으로도 충족이 된다. 이때는 주의력의 일부만으로도 충분할 때가 많다. 쾌락을 주는 일은 아주 다양하다. 상쾌한 향기를 맡는다든지 아름다운 경치나 그림을 보는 것, 음악을 듣거나 맛있는 음식을 먹는 것, 뜨거운 물로 샤워를 하는 것도 쾌락이다. 꽤 어려운 일을 달성한다든지 게임이나 운동을 할 때, 재미있는 책을 읽을 때도 쾌락을 느낀다. 창의적인 상상을 펼치거나 친구들과 어울리는 것도 우리에게 행복감을 준다. 쾌락을 주는 일들에는 상대적으로 주의력이 더 많이 필요한 일도 있고, 더 깊은 쾌락을 맛볼 수 있는 일도 있다. 물론 주의력의 크기와 쾌락의 크기가 비례하진 않는다.

적은 주의력만으로 쾌락을 얻을 수 있다면, 남은 주의력을 어떤 생각이나 우리가 고른 과업에 마음껏 기울일 수 있다. 잔잔한 음악을 들으면서 일을 하거나 달달한 커피를 마시면서 리포트를 쓰는 일은 불쾌한 일이 아니다. 우리가 주의력을 거의 허비하지 않고 쾌락을 경험할 때 우리는 가장 뛰어난 업적을 달성할 수 있다.

내가 즐거우면
상대방도 즐거울 거라는
착각

━━━━━━〜〜〜〜〜━━━━━━ 무의식적 쾌락은 이미 쾌락을 느끼고 있을 때도 쾌락의 증가를 추구한다. 이는 인간의 행동에 굉장히 흥미로운 영향을 미친다. 만일 누군가 음악을 들으며 숙제를 하고 있고, 그 상태에 만족스럽게 몰입하고 있다면 다른 일로 주의를 빼앗기지 않을 것이다. 그러나 숙제보다 더 큰 쾌락을 줄 게 분명한 게임으로는 주의력이 옮겨가지 않을까?

당연히 그럴 것처럼 보이지만 의외로 그렇지 않다.

숙제에서 게임으로 주의력이 옮겨가기 어려운 이유는 두 가지가 있다. 첫째, 그 사람의 주의력이 이미 음악과 숙제에 모두 사용되고 있으므로 다른 생각을 할 여유가 없다. 둘째, 게임에서 얻을 수 있는 더 큰 쾌락은 미래의 기대이고 막연하기에 지금 경험하고 있는 실제 쾌락을 이기지 못할 때가 많다. 따라서 현재 하던 일을 멈추고 다른 일을 하게 만들 정도로 매력적이진 않다. 손안에 든 새 한 마리가 숲속에 있는 새 두 마리보다 낫기 때문이다. 그러나 방해 요소가 끼어들면 주의력에도 변화가 생길 수 있다. 예를 들어 전화가 와서 흐름이 끊긴다거나 음악에 질리거나 하면 그 사람은 다른 쾌락적 활동에 주의력을 빼앗길 가능성이 높아진다.

그러나 쾌락이 큰 일에서 쾌락이 작은 일로 바꾸는 것은 쉽지 않다. 쾌락이 작은 일이 아무리 즐거운 일이라도 무의식적 쾌락은 즐거움의 크기가 감소하는 것을 끔찍이도 싫어하기 때문이다. 사람은 시시한 쾌락 때문에 지금 맛보고 있는 큰 쾌락을 포기하기 어렵다. 그런 전환이 일어나기 위해서는 그 둘 사이에 뭔가 불쾌한 일이 끼어들어야만 한다.

인생이 황금빛으로 물들어 행복이 충만한 사람에게 게임이나 음주, 자위 같은 즐거움은 하찮은 쾌락으로 보일 수밖에 없다. 우리가 쾌락의 정도를 이야기하는 이유는 무의식적 쾌락을 제어할 전략을 세우는 데 필요하기 때문이다.

노잼포비아

우리가 어떤 일을 쾌락적이라고 표현할 때, 그것은 그 일을 하는 도중 느끼는 감정 전반을 한마디로 요약한 것일 뿐이다. 쾌락적이라는 것은 일을 할 때 느끼는 수많은 감정을 평균해서 나타낸 말이다.

쾌락적인 일의 특징 중 하나는 앞서 말했듯 일정한 주의력이 필요하다는 점이다. 이는 인간의 정신이 계속해서 무의식적 쾌락의 부추김을 받는 상황에서 상당히 의미 있는 부분이다. 게임을 하거나 테

이불 같은 물건을 만들 때, 그림을 그리거나 글을 쓸 때, 웹 사이트를 만들거나 요리를 할 때 우리는 그 일에 온 신경을 쏟아야 한다. 또한 어떤 결론을 도출하기 위해 심사숙고할 때도 엄청난 주의력이 필요하다.

그 과정에서 우리는 한 단계, 한 단계 고심하며 나아간다. 큰 문제를 잘게 쪼개고, 어떤 일부터 시작해서 어떤 순서로 실행할지 계획하며, 실제로 하나하나 해결하면서 다음 단계로 넘어간다. 그 모든 과정이 항상 즐겁지는 않지만 하나씩 완수할 때마다 만족감을 느낄 것이다. 그리고 어렵게 해결할수록 달성감도 커질 게 분명하다.[22] 목표가 가까워지면 곧 성공적으로 끝마칠 수 있다는 기대감으로 안도와 흥분을 느낀다. 이것 역시 쾌락적인 감정이며, 동기를 부여해준다.

이처럼 어떤 일에 몰두할 때 우리가 거기서 얻는 재미는 우리가 얼마나 집중하는가에 달려 있다. 또한 그 집중력은 우리가 그 일에 쏟아부을 수 있는 주의력의 양에 좌우된다. 피곤할수록 주의력이 줄어드는 것은 바로 그런 이유 때문이다. 하던 일에서 주의력이 떨어지면 우리는 더 쾌락적인 일을 찾으려 할 것이다. 주의력이 떨어지면서 방금 전까지 즐거웠던 일이 더 이상 즐겁지 않기 때문이다.

그렇다면 주의력은 보통 어떨 때 떨어질까? 대부분 두 가지 유형으로 나타난다. 첫째, 일을 처리해 나가는 과정에서 중간에 방해를 받으면 그 일을 끝마칠 때까지 필요한 주의력을 빼앗기게 된다. 한창 주의력이 절정에 달했을 때는 행복감도 충만해지는데 이때를 놓치면 주의력의 탑은 와르르 무너지고 정신은 산만해진다. 둘째, 다음에 어떤 단계를 밟아야 할지, 그 단계로 가는 게 맞는지 평가하는 능력을 잃게 되면 의심, 두려움, 불안감이 생긴다. 이는 성공을 기대할 때 느끼는 안도와 흥분과는 상반된 감정이다.[23]

쾌락의 모든 요소를 들여다보기 가장 좋은 예는 게임이다. 특히 많은 유저를 보유한 롤플레잉 게임은 레벨이 올라갈 때마다 새로운 흥분과 놀라움을 경험하게 된다. 유저는 작은 목표를 하나씩 달성하면서 동기를 부여받고, 동시에 어떤 모험을 하게 될지 기대되어 호기심도 품게 된다.[24] 게임하고 있을 때는 살짝 피곤해지거나 주의력이 분산되어도 재미가 완전히 사라지진 않는다. 재미가 조금 떨어질 수는 있겠지만 말이다.

게임 중독을 치유하기 어려운 이유가 바로 게임이 쾌락 요소의 집합체이기 때문이다. 하지만 흥미로운 점이 있다. 게임을 끝까지 완주한 유저에게는 게임의 쾌락이 거짓말처럼 사라진다는 것이다.

한번 맛보면
절대
잊을 수 없는 것

━━━〰〰〰〰〰━━━ 긍정적인 감정은 매우 뚜렷한 쾌락의 원천이다. 동기부여의 관점에서 긍정적 감정이 중요한 이유는 그것이 마음속에 오래 남기 때문이다. 긍정적 감정은 주의력을 소모시키지 않고도 쾌락을 줄 수 있다. 부정적 감정에 비해 긍정적 감정은 행복, 흥분, 사랑 등 종류가 그리 많지 않다.

큰 성공을 거둔 다음에 느끼는 행복은 잔류 쾌감이 되어 몇 시간 또는 며칠 동안이나 존재할 수 있다. 그때는 무의식적 쾌락이 명령하지 않아도 자신의 주의력을 자유자재로 통제할 수 있다. 이미 쾌락에 대한 욕구가 충족되었기 때문이다. 또한 이때의 행복은 인간이 경험할 수 있는 가장 큰 쾌락이자 만족감이라 할 수 있다.

비슷한 효과를 내는 약물이 있을 수 있지만 대부분의 약물은 쾌락만 제공하는 것이 아니라 주의력과 인지 능력을 떨어뜨리기 때문에 수단으로 사용하기 적절하지 않다.

나의 친애하는 적,
대인관계

～～～～～～ 눈치 빠른 독자는 이미 알
아차렸을 것이다. 이 책 어디에서도 대인관계에 대
해 언급하지 않았다는 것을. 처음 다섯 가지 사례의
주인공들은 모두 혼자서 문제를 해결하기 위해 분
투했는데, 여기에는 이유가 있다.

무의식적 쾌락의 메커니즘을 인식하기 어렵게 만
드는 가장 큰 적은 대인관계와 같은 사회적 요인이
다. 사람과 사람이 만나면 온갖 감정이 분출하는데,
우리는 이미 거기에 익숙해져서 원인을 찾을 생각

도 못 한다. 또한 사회적 상황에는 여러 복잡한 동기가 존재한다. 내가 누군가를 웃게 하려고 애쓰거나 반대로 남이 나를 웃게 하는 등 늘 외부 요인 때문에 감정이 자극받는다. 대화를 하면서도 남의 눈치를 보며 불안해하기도 하고, 자신의 매력을 어필하고 싶어 궁리하기도 한다. 집단에 휩쓸려 별로 하고 싶지 않은 일을 할 수도, 정말 즐거운 일을 할 수도 있다. 이처럼 사회적 교류 속에서 벌어지는 일의 이면에는 다양한 동기와 감정이 뒤섞여 있다.

우리는 대부분 그때그때 상황에 맞게 움직이며 살아간다. 결국 인간은 사회적 동물이기에 사회 안에서의 위치는 그 어떤 동기보다 강력할 때가 많다. 그래서 가장 원초적인 심리 요인은 생각해볼 여유가 없다. 게다가 인간은 애당초 자아성찰에 별로 소질이 없다.

중요한 일을 하려고 해도 종종 동기 부족을 느끼고 이것을 절감할 때, 그때가 바로 사회의 영향을 받지 않을 때다. 우리는 타인의 기대에 부응하거나 타인에게 인정받으면 기분이 좋아진다. 이처럼 대인관계를 통해 다양한 쾌락과 성취감을 맛보곤 한다. 사실 그런 것이 없으면 인간은 더 손쉽고 질 낮은 쾌락만 추구할지도 모른다.

싸구려 쾌락만 좇으면서 무의식적 쾌락의 통제도 무시하는 사람은 거기에 중독될 가능성이 크다. 자기혐오나 그 밖의 다른 이유로 벗어나기 전까지는 대부분 자신을 파괴하면서까지 쾌락을 좇는다.

5장

"내 몸은
답을 알고 있다"

머리가 아닌 몸을 즐겁게 하라

나를
행동하게 만드는
세 가지 요소

━━━〰〰〰〰〰━━━ 이제 우리는 무의식적 쾌
락의 의미와 역할을 알게 되었다. 지금부터는 무의
식적 쾌락을 제어하고 이용하는 방법을 알아볼 차
례다. 하지만 그 전에 관련된 심리학을 살펴보면 더
도움이 될 것이다. 인간의 마음속에는 동기부여에
대한 많은 갈등이 존재하기 때문이다.

우리는 앞서 2장에서 모든 활동을 구성하는 세
가지 심리적 요소(활동을 시작하는 데 필요한 노력, 활
동 그 자체, 그리고 활동의 결과)를 살펴보았다. 이것

은 인간의 정신이 만들어낸 실존하는 심리다. 그저 기술적(記述的) 작업을 위해 임의로 분류한 개념이 아니다. 각 단계는 나름의 방식으로 처리되면서 특정한 쾌락과 불쾌로 사람에게 영향을 미친다. 이런 과정이 어떤 식으로 진행되는지 확인해보자.

우리는 앞으로 해야 할 행동의 세 가지 요소를 떠올리면서 쾌락이나 불쾌를 예상하게 된다. 곧 닥칠 현실이기 때문에 그 일을 시작하기 전에, 그 일을 하면서, 그리고 그 결과로 무엇을 얻을지 상상하면 자연스럽게 그에 따른 쾌감과 불쾌감이 엄습할 수밖에 없다.[25] 쾌감을 느낀다면 순조롭게 일을 시작할 테지만 불쾌감이 더 크다면 그 일을 피하고 싶은 생각이 들 것이다. 어느 쪽이든 근본적인 무의식 과정은 똑같다.

이 같은 쾌락과 불쾌는 앞으로 경험하게 될 실제 쾌락이나 불쾌와 거의 일치한다. 우리는 과거에 비슷한 일을 해본 경험을 떠올리면서 어떤 쾌감을 맛볼 수 있는지, 또는 어떤 불쾌감이 기다리고 있을지를 예상한다. 즉, 우리의 기대는 현실뿐 아니라 과거 경험과도 밀접한 관련이 있다. 하지만 미래의 일은 어떨까? 앞서 언급했듯이 인간은 미래에 이 일을 하면 엄청난 결과를 얻을 거라고 스스로에게 거짓말하는 데 한계가 있다. 우리는 미래를 현실적으로 재현할 수밖에 없다.

실제 미래와 그 미래에 대한 재현 사이의 상관관계를 무시할 수 없으나, 이러한 무의식적 재현은 결함과 오류에 빠지기 쉽다. 어떤 일에 대한 경험이 많을수록 그 경험을 한 가지 패턴으로 재현할 가능성도 높아진다. 반대로 경험이 전혀 없거나 책으로만 배운 일은 완전히 상상만으로 재현하게 된다. 이때의 재현은 실제 현실과 거리가 멀 뿐 아니라 불안감만 조장할 수 있다.[26] 인간의 정신은 정보가 없거나 적은 일까지도 무의식적으로 재현하려고 한다. 이때는 최대한 유사한 경험을 대입하는데, 예상 가능하듯이 재현의 정확도는 형편없고 거의 판타지 소설에 가깝다.

이제 본격적으로 미래 활동의 세 가지 요소가 일반적으로 어떤 영향을 미치는지 살펴보자. 물론 여기에서 살펴보는 내용은 빙산의 일각일 뿐이며, 쾌락과 불쾌에 관한 보편적인 유형을 다룬 것이다.

1. 활동을 시작할 때: 어떤 일을 시작할 때의 쾌락은 그 일에 쏟는 노력에 달려 있다. 일반적으로 노력과 쾌락은 비례한다.[27] 하지만 결과적으로 불쾌만 유발할 때가 많다. 왜냐하면 어떤 일을 하든 노력은 필수적인데, 노력을 하는 것 자체가 불쾌의 영역에 속하기 때문이다.

2. 활동: 일을 할 때의 쾌락은 대개 과거에 그것과 비슷한 일을 했던 경험을 원천으로 예상하게 된다.[28] 또한 현재 경험하고 있는 쾌감이나 불쾌감도 영향을 미친다.[29] 보통 이 단계에서는 실제로 얻게 될 쾌락을 잘 재현할 수 있다.

간혹 최근 경험보다 예전 경험을, 불쾌한 기억보다 좋았던 기억을 선호하는 잠재의식의 성향 때문에 재현에 실패할 때도 있다. 앞에서도 말했듯 그일을 해본 경험이 전무하거나 정보가 부족할 때는 재현하는 데 완전히 실패할 수 있다. 그럴 때는 부정확한 재현에 대한 불안감(불쾌)이 더해진다.

3. 활동의 결과: 결과에서 얻을 수 있는 쾌락은 대개 감정적이다. 결과를 예상할 때는 보통 흥분이나 불안을 느끼는데, 때로는 안도나 두려움처럼 좀 더 격정적인 감정을 느낄 수도 있다.

이 같은 세 가지 요소와 그에 따른 보편적인 유형은 그림 2(128쪽)에 잘 나타나 있다.

[그림 2] 미래의 활동

쾌락과 불쾌의 주요 요인:

그 일을 할지, 하지 않을지를
결정하는 데 영향을 준다

시작할 때의 어려움:

일의 난이도에 비례하는 노력에
대한 두려움

활동 시작

+

**얼마나 쾌락적인가 또는
불쾌한가:**

항상 불안이 존재한다

활동

+

**일을 완수했을 때의 보상 또는
완수하지 못했을 때의 손해:**

대개 감정적: 불안, 두려움 혹은
흥분

결과

및/또는

의식하고 있다는 걸
의식하지 못할 뿐

＿＿＿＿＿＿＿ 왼쪽에 보이는 그림 2는 3차원의 구조를 2차원으로 표현한 것일 뿐이다. 행동의 세 가지 요소는 실제적인 사고 과정이며 대개는 무의식적으로 이루어진다. 이런 과정은 우리가 어떤 행동을 할지 말지를 고심할 때 마음속에서 일어난다. 사고하는 과정에서 그 일의 모든 측면이 한꺼번에 떠오르는 건 아니다. 그보다는 잇달아 나타난다고 할 수 있다. 그러나 어떤 것들은 단 몇 초 만에 지나가서 순식간처럼 느껴진다.

세 가지 요소 중 먼저 떠오르는 것은 활동(=일) 자체이거나 그 활동의 결과다. 그 일을 하려면 어떻게 시작해야 할지는 나중에 생각하게 된다. 또한 그 일을 할지 말지 결정할 때 세 가지 요소 전부를 언제나 고려하는 건 아니다. 활동 자체(특히 재미있는 일인 경우)나 결과(특히 그 일이 힘든 일인 경우)만 고려할 때도 있는데, 이 두 가지만으로도 결론 내릴 수 있다. 결과를 전혀 신경 쓰지 않고, 심지어 어떤 결과일지 뻔히 알면서 일을 시작하는 경우도 많다. 그런 때는 결과를 예측하기 어려웠거나 일부러 결과에 대해 생각하지 않았던 것일 수도 있다.

그러나 대부분의 경우 세 가지 요소가 다 떠오르고, 각 요소가 우리의 결정에 영향을 미친다. 우리가 그 일을 할지 말지 심각하게 고민할 때는 더욱 지대한 영향을 끼친다. 그럴 때 마음속에는 세 가지 요소가 끊임없이 떠오르고, 우리는 그것들을 계속 저울질하느라 괴로워진다.

지금 누군가 불쾌감을 주는 일을 할지 말지 고민

하는 사람이 있다고 가정해보자. 그는 그 일을 할 때 따르는 불쾌감이 어느 정도일지 예상해볼 것이다. 그 일의 결과가 들인 노력에 비해 얼마나 보람 있을지도 생각해보고, 마지막으로 그 일을 시작하기 위해 어떤 노력이 필요한지도 따져본다. 종합해서 판단해볼 때 별 볼 일 없다고 느끼면 결국 그 일을 하지 않을 것이다. 나중에 똑같은 일에 대해 고민할 때도 같은 사고 과정을 거쳐 같은 결론에 도달할 가능성이 크다. 반대로 쾌락을 얻을 수 있는 일 역시 그 일이 주는 즐거움은 얼마나 되는지, 그 결과로 무엇을 얻을 수 있는지, 시작하기 위해 어떤 노력을 쏟아야 하는지 따져본 후 그 일을 할지 말지 결정할 것이다.

이대로 Go?
여기서 Stop?

━━━━━━━━━━━━ 그림 2(128쪽)에는 미래 활동에 대한 여러 요인이 등장한다. 일을 시작하기 전 이 도식을 활용하면 일과 연결된 심리 요소들을 분석해볼 수 있다. 그러나 실제로 그 일을 시작하기 위해서는 그 도식에 두 가지 요인을 더 포함해야 한다.[30] 바로 현재 활동과 현재 활동을 그만둘 때의 결과다.

우리가 무슨 일을 하든, 설사 소파에 가만히 누워 있다 할지라도 그것을 지금 하고 있는 '활동'으로 볼 수 있다. 이렇게 '활동'의 개념을 정의하면 현재 사용하고 있는 주의력의 양과 쾌락의 양을 추정하기 쉽다. 우리는 현재 활동에서 얻는 쾌락과 불쾌를 기준으로 현재 활동을 멈추고 앞으로 해야 할 일 즉, 미래 활동을 할 때, 쾌락과 불쾌가 얼마나 증감할지 예상할 수 있다. 중요한 것은 현재의 활동을 중단했을 때 얻는 결과이다. 이 결과가 현재의 활동을 그만둘지 말지 결정하는 역할을 한다.

마감이 코앞에 닥쳐서야 서둘러 과제를 하기 시작하는 사람은 미래 활동이 더 즐겁더라도 과제를 멈추지 못한다. 이 경우 불안이 감시자 역할을 하여, 과제를 그만두고 다른 일을 하려 할 때마다 마음의 동요가 일고 괴로워지기 때문이다. 마치 슬쩍 뻗은 손을 누군가가 찰싹 때린 것처럼 움츠러들게 된다. 불안은 과제를 시작하게 만들 뿐 아니라 과제를 하고 있을 때 딴짓을 못 하도록 만들기도 한다.

현재 활동을 그만둘 때의 결과가 새로운 활동에도 영향을 미치는 게 아닐까 생각하기 쉽지만, 두 가지 활동에는 뚜렷한 심리적 차이가 존재한다. 물론 두 가지 활동의 결과가 동시에 떠오를 때도 있지만, 그 둘을 별개로 생각해서 사고하는 경우가 더 많다. 오른쪽 그림 3이 이해를 도울 것이다.

그림 3처럼 한 가지 일에서 다른 일로 전환할지 안 할지 여부는 미래 활동의 세 가지 요소에서 얻는 종합적 쾌락 유인(誘因)에 좌우된다. 종합적 쾌락 유인이란 현재 활동에서 얻는 쾌락의 양과 그 활동을 그만둘 때 얻을 쾌락의 양을 비교해 검토한 것이다.

그림 3은 다음 장에서 참고하기 좋은 자료이다. 다음 장에서는 무의식적 쾌락에 영향을 줌으로써 우리가 행동을 간접적으로 제어할 때 활용할 심리적 도구들을 알아볼 것이다.

[그림 3] 활동의 지속/전환 여부

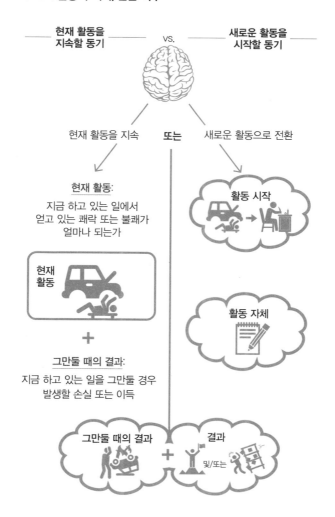

정신력 타령은
이제 그만

──────〰〰〰〰〰〰〰────── 이쯤에서 조금 뜬금없지만 아주 중요한 질문을 던져보자. 정신력의 역할은 무엇인가?

우리는 무의식적 쾌락이 우리가 행동하게 하는 데 어떤 역할을 하는지 충분히 이해했다. 그런데 정신력은 우리가 무엇을 하기로, 또는 하지 않기로 결정할 때 아무런 역할도 하지 않는 것처럼 보인다. 인간이 늘 쾌락의 길로만 가는 것도 아니고, 자유의지가 없는 기계도 아니지 않은가. 이 세상에는 불굴의 의지로 역경에 맞서고, 누가 봐도 고된 일을 즐겁게 하는 사람들이 있다. 금욕적인 사람들, 검소한 사람들, 신앙심과 신념으로 불편을 감수하고 욕망을 억제하는 사람들은 대체 어떤 사람들일까?

그런 사람들은 우리 같은 보통 사람들보다 의지력이 강해서 무의식적 쾌락을 통제하는 것처럼 보이지만 사실은 그렇지 않다. 개인마다 의지력에 차이가 있을 테지만 그것만으로 무의식적 쾌락을 제어할 수 있다는 증거는 어디에도 없다.[31] 그 사람들은 의지력만으로 무의식적 쾌락을 극복하며 살아가고 있는 것이 아니다. 그들과 우리의 차이점은 쾌락을 거스르며 행동할 수 있는 능력(정신력)에 있는 것이 아니다. 동기의 유형과 그 동기가 행동에 미치는 영향의 정도가 다른 것이다.

무의식적 쾌락에 기반한 충동을 잘 억누르는 사람들, 특히 신앙심이 깊은 사람들의 동기는 불안감이다. 그들에게는 무교(無教)인 사람들에게는 없는 불안 유발 인자가 있다. 바로 신에 대한 두려움이다.

인간은 실재하거나 일어날 수 있는 결과에 대해서는 불안을 느끼지만, 실재하지도 않고 일어날 리도 만무한 결과에 대해서는 전혀 불안을 느끼지 않는다. 하지만 종교를 믿는 사람들에게 신은 실존하는 대상이다. 그들은 교리에 어긋나는 행동을 생각하는 것만으로도 불안해한다. 신이 자신을 지켜보고 심판을 하고 있으며, 자신이 죄를 저지르면 지옥에 갈 거라고 여기는 것이다. 이런 두려움은, 머리 위에 언제든 떨어질 수 있는 도끼가 매달려 있는 것과 같다. 마감을 어길 것 같다는 불안이 어떻게 해서든 그런 결과를 피하도록 만드는 동기가 되듯, 신앙인에게 두려움은 자신이 옳다고 믿는 교리대로 행동하게 만드는 동기가 된다. 이런 사람은 쾌락보다 큰 불안을 없애려는 쾌락 원칙에서 벗어나지 못한다. 의지력처럼 보이는 것도 사실은 무의식적 쾌락 원칙에 따라 두려운 결과를 피하려는 행동이다.

의지력이 높다고?
남보다 조금
민감할 뿐

———————————— 종교인에게 신에 대한 두려움이 동기가 되듯, 종교를 믿지 않는 사람에게는 사회적 관계에서 발현되는 욕망과 불안이 동기가 되는 경우가 많다.[32] 물론 욕망과 불안뿐 아니라 사람마다 동기의 유형은 다를 것이다. 여기서 중요한 점은 사람마다 그 동기를 받아들이는 정도 역시 다르다는 것이다.

의지가 강한 사람들은 무의식적 쾌락이라는 바보 같은 충동이 아니라 자기 확신에 따라 행동하는 듯하다. 그런 사람들이 할일을 성실하게 해내는 것은 초인적인 의지력을 발휘하기 때문이 아니라 자기가 한 행동의 결과에 보통 사람들보다 민감하기 때문이다. 자기 확신과 무의식적 쾌락 사이의 충돌은 결국 행동의 쾌락과 결과의 쾌락 사이의 충돌일 수밖에 없다.[33] 사람들마다 감정을 느끼는 정도가 다르기에 어떤 사람들은 남들보다 감정을 더 격렬하게 받아들이기도 한다. 즉, 분노는 더 사납게, 슬픔은 더 무겁게, 행복은 더 밝게, 불안은 더 무섭게 느끼는 것이다. 이는 단순히 그렇게 타고난 것일 수도 있다.

그렇다면 이렇게 생각해볼 수 있다. 우리가 흔히 의지가 강하다고 말하는 사람들은 유익한 결과를 위해 불쾌한 일을 감수하는 것이고, 그렇게 얻는 쾌락과 흥분이 보통 사람들의 그것보다 크다고 말이다. 또한 그들이 부정적인 결과를 떠올릴 때 보통 사람들보다 더 두려워하고 괴로워한다고 생각할 수 있다. 아니면 반대로 생각해볼 수도 있다. 그들의 감각이 오히려 둔감해서 즐거운 일에도, 불쾌한 일에도 무신경한 것인지도 모른다.

이런 가정(假定)이 자유의지만으로 무의식적 쾌락을 이겨낼 수 있다는 가정보다 설득력이 있다. 그러나 의식적으로 주의력의 방향을 잘 유도할 수 있다면 그것이 의지가 강한 성향에도 영향을 미치지 않을까 하는 의문을 품을 수도 있다. 그럴싸해 보이기는 하지만 그것만으로는 설명이 불가능하다. 무의식적 쾌락이라는 가장 근본적이고 오래된 심리적 기능에 반하기 때문이다.

정신력이 주도권을 쥐고 무의식적 쾌락을 무시한 채 인간의 의사 결정에 영향을 미치려면 다음과 같은 조건이 필요하다.

1. 할 수 있는 일이 여러 가지이고, 그 모든 일이 쾌락을 증가시키는 일일 때: 이 경우에는 자유롭게 아무 일이나 선택할 수 있다.

2. 쾌락을 늘리려는 충동이 아주 적은 주의력만

으로 이미 충족되었을 때: 이 경우에는 나머지 주의력을 원하는 곳 어디에든 쓸 수 있다.

3. 불쾌한 일이 여러 가지일 때: 이 경우에는 그중 어떤 것부터 처리해야 할지 결정하기 쉽다.

이 모든 것은 그림 3(135쪽)의 내용과 일치한다. 여기서 그 타당성을 확인했으니 다음 장에서는 이 것을 활용할 방법을 찾아보자. 이제 무의식적 쾌락을 이용해서 내가 원하는 대로 나를 움직일 수 있을 것이다.

6장

"억지로 하지 마라,
저절로 하게 만들어라!"

몸이 알아서 움직이게 만드는 16가지 전략

①
내 죄를
내가 알렸다!

──────〰〰〰〰────── 무의식적 쾌락이 유발하는 나쁜 행동들, 즉 게으름이나 미루기 등을 어떻게 하면 막을 수 있을까? 이번 장에서는 그 방법을 이야기할 것이다. 그리고 도대체 무엇이 그것에 영향을 주는지도 알아보자.

인간이 무의식적 쾌락에 자극받아 나쁜 행동을 하려 할 때, 이를 막을 첫 번째 심리적 무기는 양심의 가책과 자기혐오다. 이는 수치심 또는 죄책감에서 비롯된 불쾌한 감정이다. 인간은 보통 옳지 않은 행동을 하는 동안이나 하고 난 후에 죄책감이나 수치심을 느낀다.[34] 이 같은 부정적 감정은 부도덕한 일에 대해 생각하면서 속으로 즐거워할 때도 느낄 수 있다.

이 감정은 '행동의 결과' 영역에 속한다. 스스로 후회할 일(비디오게임만 하거나 헬스장을 가지 않는 일)을 할 때 느끼는 감정으로, 그 일을 그만두고 더 나은 일을 하도록 만드는 동기가 된다. 현재 활동이 아니라 미래 활동인 경우에도 부끄럽고 자책할 만한 일을 자신이 한다는 상상만으로 수치심이나 죄책감이 피어오른다. 이런 감정이 그 일에 손대지 못하도록 막는 수단이 된다.

수치심이나 죄책감은 무의식적 쾌락(특히 쾌락 부분)에 영향을 주기 위해 의식적으로 만들어낸 감정이다. 여기에는 한 가지 중요한 문제가 있다. 죄책감이나 수치심이 우리가 원치 않는 행동을 못하도록 막는 역할을 하지만, 그런 일을 완벽하게 막아내기에는 역부족인 경우가 태반이라는 점이다. '죄의식을 동반한 쾌락'이라는 말을 들어봤을 것이다.

이 책의 시작 부분에 소개한 다섯 가지 사례의 등장인물은 모두 부정적 감정을 느꼈을 것이다. 하지만 그들의 행동을 막기에는 충분하지 않았다. 대체로 그런 상황에서는 부정적 감정만으로는 부족하고, 오히려 역효과만 낳을 때가 많다. 실질적으로 동기부여에 영향을 미치지 못할 뿐 아니라 자신감과 자존감만 줄어들 수 있다.

그럼에도 이런 감정은 안 좋은 일을 피하고 좋은 쪽으로 가도록 동기를 부여하는 매우 유용한 원천이다. 동기가 차곡차곡 쌓이면 올바른 방향으로 한 걸음 내디딘 셈이다. 모자란 동기는 같은 목적을 위한 다른 동기로 보충하면 된다.

②
자기합리화가
나를 망친다

우리는 가끔 이성적 사고에 따른다고 착각하면서 결국은 무의식적 쾌락의 명령에 따른다. 고정관념이나 부정적 연상을 배제하고 이성만으로 어떤 문제에 접근하면 당연히 이성적인 판단을 내릴 거라고 생각하기 쉽다. 그러나 실제로는 가장 큰 쾌락을 주거나 불쾌를 최소화하는 비이성적인 결론에 도달할 가능성이 높다. 이것이 합리화 과정인데, 특정한 행동 방향이 옳은지 아닌지 여부를 논리적으로 도출하려 할 때 가장 잘 나타난다.

우리는 어떤 행동을 하기 전에 얻을 것과 잃을 것을 따져본다. 그 행동과 다른 행동을 했을 때의 이해득실을 비교하고 검토해보면서 어떤 행동을 할지 결론 내린다(물론 이런 합리화는 그 행동의 결과하고만 관계가 있다). 그러나 우리가 이해득실을 검토할 때, 대부분은 쾌락 원칙의 충동을 따르고 있으므로 쾌락적인 일은 이롭고, 불쾌한 일은 이롭지 않다는 결론을 내리기 쉽다. 그리고 이런 결론은 객관적으로 옳지 않을 때가 많다.

이해득실을 검토하는 동안 우리의 내면에서는 쾌락적인 행동이 주는 이득이 아주 그럴듯해 보인다. 비록 그 이득이라는 게 객관적으로 볼 때는 조삼모사이거나 가치가 없더라도 말이다. 그러나 손해는 객관적으로 볼 때 큰데도 얼마든지 감수할 수 있을 만큼 하찮아 보인다.

예를 들어보자. 침대에서 꼼지락거리며 일어날지, 더 잘지 이해득실을 따지는 사람이 있다. 그에게는 다시 잠들 때의 이득이 실제 이득보다 클 수밖에 없다. 지금은 너무 피곤해서 일어나도 제대로 일을 할 수 없을 것 같으니, 차라리 네 시간 뒤에 일어나서 시작하는 게 더 나을 것이라고 생각할 수도 있다. 잠을 더 자고 싶은 당장의 유혹이 이득을 또렷한 실감으로 만들어주기 때문이다. 그러나 침대에서 일어날 때의 이득은 거의 또는 전혀 영향을 미치지 않을 것이라 생각한다. 이때 얻게 될 쾌락은 지금 느끼고 있지 않기 때문이다. 오전 시간이 일의 효율성이 높고, 이미 충분히 잤으니 더 잘 필요가 없다는 것이 객관적 사실이더라도 말이다.

충동적인 성관계도 이런 합리화의 늪에 빠지기 쉽다. 남들보다 이성적인 편인 내 친구는 전 여자친구와 섹스를 할 수 있냐는 질문에 "객관적인 판단을 떠나서 그런 상황이 되면 이러면 안 된다고 나를 설득할 수 있을지 자신이 없다"고 말했다. 분명 그것이 잘못된 일이고 나중에 후회할 것을 알더라도 막상 그 상황 속에서 다시 판단하면 이전의 판단을 엎고 잘못된 행동을 하고 만다. 합리화의 늪에 빠지지 않기 위해서는 그런 상황에 들어가기 전에 미리 타당한 결론을 내려놓고 그것을 끝까지 고수해야 한다.

③
생각이
생각을 만든다

〰〰〰〰〰〰　비이성적이고 어리석은 판단을 하지 않고 좋은 결과를 얻고 싶다면, 행동을 할 때 늘 결과를 연상하는 습관을 들이는 것이 좋다. 이 습관을 들이려면 보통 시간이 많이 걸리고 반복해서 습득해야 한다. 연상은 한 가지 생각에서 다른 생각으로 이어달리기하듯 생각을 계속 변화시키는 사고 과정이다. 어떤 행동을 떠올리고 그것이 어떤 결과로 이어질지 연상하는 것을 수차례 반복하면 자연스럽게 습관이 된다. 그러면 불쾌한 생각

에서 유쾌한 생각으로 옮겨가는 것도 쉬워진다. 그 반대의 경우도 마찬가지다. 이 습관이 쾌락을 주지만 나에게 해로운 일에 대처할 때 중심을 잡아주는 역할을 한다.

연상하기를 권하는 이유 중 또 하나는 그것이 무의식적으로 이루어지기 때문이다. 무의식적으로 옳은 결론에 도달할 수 있으면 이해득실을 잘못 따지는 실수를 할 틈이 없다. 그리고 최대 이점은 반사적으로 반응하기 때문에 빠르게 판단할 수 있다는 것이다. 인생에서 어떤 일을 할지 말지 빨리 결정해야 하는 순간은 무수히 많다. 가끔은 결과를 생각해볼 겨를도 없이 이미 잘못된 일을 하고 있을 때도 있다. 이때, 습관처럼 행동과 결과를 관련지어 연상한 사람은 그런 실수를 막을 수 있다. 그러나 간혹 이런 자동 연상도 못 막는 사례가 있는데, 앞에서 소개했던 흡연자의 경우가 그렇다.

④
환경이
의지를 이긴다

～～～～～～～ 행동을 가장 확실하고 효과
적으로 바꾸는 방법은 환경을 바꾸는 것이다. 물론
이 방법이 직접적으로 우리의 생각을 바꿔주지는
않는다. 하지만 외부 환경은 우리의 생각뿐 아니라
행동에도 지대한 영향을 미친다. 간접적으로 영향
을 주지만 상당히 효과가 좋다.

왜 그럴까? 환경의 변화가 행동에 영향을 미치는
이유는 다음과 같다.

1. 주의력의 배분과 심리는 우리의 노력이나 의지보다 무의식적 쾌락에 따라 결정된다.

2. 쾌락을 추구하는 욕망은 현실에 깊이 뿌리내릴 수밖에 없다.[35]

이를 통해 환경의 변화가 우리를 어떻게 움직이게 하는지 예상할 수 있을 것이다. 지금부터는 그런 예를 구체적으로 알아보자.

환경을 바꾸면 인간은 어떤 동기라도 바꿀 수 있다. 하지 않기로 다짐한 일이라면 주변 환경을 바꿔 그 일을 시작하기 어렵게 만들 수도 있고[36] 어떤 요인을 추가해서 쾌락적인 부분을 없앨 수도 있다.[37] 행동에 대한 결과에 벌칙 같은 것을 도입해서 불쾌감을 추가할 수도 있다.[38] 반대로 하고 싶은 일의 몰입도를 높이기 위해서는 시작은 더 수월하게, 참여는 더 유쾌하게 만들면 된다.

일의 시작 단계를 염두에 두고 환경을 바꾸면 효과적이다. 물리적으로 환경을 바꿔 그 일을 시작하기 쉽거나 어렵게 만들면 자연스럽게 하고자 하는 일에 대한 저항감은 낮추고, 피하고자 하는 일에 대한 저항감은 높일 수 있다. 그러나 사람들은 종종 이런 효과를 간과한다. 특히 피하고자 하는 일의 경우가 그렇다.

게임 중독자를 예로 들어보자. 게임 중독자의 가장 큰 문제는 게임을 하기 쉬운 환경이다. 그가 게임을 시작하기 위해 쏟는 노력이라곤 컴퓨터를 켜는 것 정도다. 만약 집에 있는 컴퓨터를 아예 없애면 어떤 일이 벌어질까?

처음에는 금단 현상이 일어나 게임 생각이 머릿속에서 떠나지 않을 것이다. 하지만 집에서는 게임을 할 수가 없고, PC방 같은 곳에 일부러 가야 한다. 물론 주섬주섬 옷을 입고 집을 나설 수도 있다. 그러나 게임을 그만두려고 노력 중이라는 사실을 떠올리면 지금 PC방을 가려는 자신이 수치스러울 것이다. 그 불쾌한 감정까지 이겨내고 PC방을 갈 수도 있겠지만 결과적으로 집에 컴퓨터가 있을 때보다는 게임을 하는 횟수가 현저히 줄어들게 된다. 그렇게 게임과 조금씩 멀어지면 충동도 차츰 사그라질 것이다.

노력뿐 아니라 어떤 일을 시작하기 위해 필요한 시간까지 더 늘리면 효과는 배가 된다. 환경을 조작해서 어떤 일을 하기 위해 평소보다 좀 더 시간이 걸리도록 만들면 그 사람은 그 일을 정말 하고 싶은 건지 숙고해볼 기회가 더 많아지고, 중도에 포기할 가능성도 더 높아진다. 시작하는 데 시간과 노력이 거의 들지 않는 일은 무수히 많다. 특히 컴퓨터에서 클릭 한두 번으로 해결되는 경우에는 결과를 생각할 틈도 없이 할 때가 많다.

이 원리는 반대 방향으로도 작용한다. 어떤 일을 시작하는 데 필요한 시간과 노력을 줄이면 그 일을 시작하기 쉬워진다.[39] 원하는 곳까지 이동하는 데 시간이 오래 걸린다면 그 시간 때문에 가지 않게 된다. 책을 읽기 위해 매번 책상 위의 잡동사니를 치우고 멀리 있는 콘센트에 스탠드 코드를 꽂아야 한다면 책에서 멀어질 게 분명하다. 그러나 항상 책상을 깨끗이 치우고 멀티탭을 마련해 책을 읽고 싶을 때면 스탠드를 언제든 쉽게 켤 수 있게 환경을 조성한다면 독서 욕구를 북돋는 결과를 낳을 것이다.[40]

이처럼 어떤 행동을 하기 위해 혹은 하지 않기 위해 사전에 환경을 바꿀 경우 주의해야 할 점이 있다. 바로 변화가 필요한 부분이 무엇인지 평소에 생각한 다음, 그 일에서 한 발짝 떨어져 있을 때 느긋하게 변화를 줘야 한다는 점이다.

게임 중독자가 게임에 빠져 있을 때 컴퓨터를 없애기란 힘들 것이다. 책을 읽고 싶지만 지금은 책상을 치우고 스탠드 코드를 꽂는 게 귀찮은 사람이 더 큰 노력, 즉 청소를 하고 밖에서 멀티탭을 사오는 노력을 할 리가 없다.

우리는 늘 상황 속에서 환경을 바꾸려 하기 때문에 번번이 실패하는 것이다. 당장 큰 노력을 쏟기가 암담해져서 나중으로 미루다가 결국 바꿔야겠다는 생각조차 잊는다. 그러다 다시 그 상황이 닥치면 진작에 바꿨어야 했다고 자책하며 다시 다음으로 미루고, 또 잊어버리는 악순환에 빠진다.

가장 좋은 해결책은 변화의 필요성을 깊이 깨닫는 것이다. 그리고 동기가 충분할 때 신중히 변화를 줘야 한다. 게임을 그만두기 위해 컴퓨터를 치울 수 있는 기회는 게임에 중독된 자신을 돌아보고 진저리를 칠 때에 온다. 그만두겠다는 다짐만으로는 아무것도 바꿀 수 없다. 마찬가지로 독서 환경을 만들기 좋은 타이밍은 독서에 대한 의욕이 넘치고 기분이 좋을 때다.

대부분의 사람들이 좌절을 겪는다. 환경을 바꾸려고 하지만 포기하거나 아예 시작할 엄두가 안 날 수도 있다. 게임을 참으려 할 때마다 결국 못 참고 컴퓨터를 켜거나 컴퓨터를 치울 수 없는 핑계를 만들 수도 있다. 누구나 비슷한 경험이 있을 것이다. 그러나 반대로 책상을 치우려 노력하거나 게임 충동을 이겨내기 위해 애쓰는 사람은 그런 노력을 반복할수록 성공할 가능성도 높아진다.

노력하는 사람들은 노력 때문에 물리적으로 불쾌를 경험한다. 매번 노력하고 시도할 때마다 불쾌한 과정을 반복해야 하기 때문에 어떻게 하면 그 과정이 조금이라도 덜 괴로울까를 고민할 것이다. 책을 읽기 위해 책상을 치워야 하는 사람은 어떻게 하면 그 과정이 수월해질까 모색할 테고, 게임 중독자는 자신의 충동과 싸우는 과정에서 여러 시도를 해봄으로써 자신에게 도움이 되는 방법을 찾아갈 것이다. 그러나 주변 환경도 개선하지 않고, 심지어 그렇게 변화를 줘도 소용없을 거라고 생각하는 사람들은 그 상황에서 벗어나지 못한다. 유감스럽게도 그런 사람들이 너무나 많다.

환경을 바꿔 동기부여에 변화를 주는 또 다른 방법은 그 일에서 얻는 쾌락 혹은 불쾌를 겨냥하여 내 감정을 조정하는 것이다.

하이킹을 즐기던 사람이 잘 맞지 않는 신발 때문에 물집이 생기고 통증이 심해지면 하이킹하는 재미가 떨어질 것이다. 자신에게 그런 신발뿐이라면 하이킹에 대한 열의는 줄고, 불편했던 기억과 고통 때문에 다음 하이킹을 주저하게 될 것이다. 물론 편한 신발만 구하면 이 문제는 즉시 해결된다. 인간은 실생활에서 이런 식의 물리적 변화를 갈망한다. 하고 싶은 일이나 꼭 해야만 하는 일을 좀 더 쉽고 유쾌하게 만드는 변화 말이다.[41]

이런 변화는 개선을 위한 것인데 오히려 안 좋은 방향으로 변화를 주는 사람들이 있다. 예를 들어 음식을 적게 먹으려는 사람에게 일부러 맛없는 음식만 사주거나 야외 활동을 자주 하겠다고 결심한 사람이 집을 일부러 머물고 싶지 않은 공간으로 만드는 것 등이다. 안타깝게도 이런 시도는 대개 효과가 없다.

생활을 일부러 불편하게 만드는 것은 일반적인 판단과 욕구에 반하는 행위여서 오히려 거부감만 일으킨다. 보통 사람이라면 그런 비상식적인 수단을 쓰느니 자신의 정신력만으로 불건전한 충동을 이겨내겠다고 생각할 것이다. 물론 정신력을 통한 노력은 매우 가변적이고 결국 실패로 끝나게 된다. 특히 똑같은 동기부여 문제에 계속 부딪칠 때는 더하다. 그렇지만 환경을 유용하게 개선하면 효과적으로 동기를 부여할 수 있다.

⑤
잃어버린
수치심을 찾아라

━━━〰〰〰〰〰━━━ 환경을 바꿔 동기부여를 하는 마지막 방법은 행동이 아닌 행동의 결과에 물리적으로 변화를 주는 것이다. 이는 무의식적인 방식은 아니지만 그 일을 어쩔 수 없이 하게끔 만든다. 스스로 결과에 보상 혹은 벌칙 등을 설정해서 행동을 유발하는 방법으로 미래 활동과 동기부여에 큰 영향을 미친다.

결과에 추가할 수 있는 설정은 다양하다. 그중에서 금전적 요소를 가장 많이 설정하는데, 돈내기가 대표적인 예다. 가령 해내기 어려운 목표를 달성하려는 사람이 친구와 내기를 통해 동기를 얻는 것이다. 자신이 목표 달성에 성공하면 친구에게 돈을 받고, 실패하면 반대로 돈을 줘야 한다. 이로써 긍정적 동기(내기에 이겨 보상금을 얻고 싶은 욕망)와 부정적 동기(내기에 져서 벌금을 내고 싶지 않은 욕망)를 모두 갖추게 된다. 금액이 높을수록 동기도 커지겠지만, 큰돈을 걸어줄 친구를 찾는 게 쉽지는 않을 것이다. 그리고 가벼운 내기 수준의 금액으로는 동기 부여 효과를 기대하기 어렵다는 점을 명심하자.[42]

금전적 요소 말고도 결과에 동기를 더할 수 있는 방법은 무궁무진하다. 그중에서 가장 흥미로운 방식은 자기 자신을 수치심에 노출시키는 것이다. 자제력을 잃고 결심한 대로 행동하지 않을 때를 대비해 자신의 목표 혹은 결심한 바를 타인에게 노출하는 방법이다. 자신이 무엇을 하고 있는지 친구들에게 숨기지 못하도록 환경을 조성하는 방법은 다양하다. 최근에는 어디에서 무엇을 하는지 소셜 미디

어에 자동으로 업데이트되거나 다른 사람들이 브라우저 기록에 접근할 수 있도록 하는 애플리케이션도 있다. 자신의 행동 때문에 망신을 당할 수 있다는 두려움과 부끄러움은 결심을 포기하고 싶은 욕구를 자제할 수 있도록 도와준다.

이 방법들은 타인의 참여가 필수적이다. 내기를 할 때는 나와 함께 누군가가 돈을 걸어야 한다. 자발적으로 타인에게 자신을 노출하여 스스로의 행동을 통제하는 것도 마찬가지다. 이는 자신의 행동을 통제하는 권한 일부를 타인에게 나눠주는 것이다.[43] 이런 일방적인 내기를 통해 보상 없는 위험이나 위험 없는 보상에 자신을 내맡기게 된다.[44] 이 방법은 자신이 스스로 설정을 더할 수 있는 거의 모든 결과에 적용할 수 있다. 물론 코를 후빌 때마다 전기충격을 준다든지 자위를 할 때마다 돌멩이가 떨어지도록 한다든지 하는 멍청한 장치들은 제외하고 말이다.

⑥
나를 유혹하는
요소를 차단하라

앞서 동기부여를 위해 물리적인 환경과 결과에 변화를 주는 방법들을 소개했다. 이 방법들이 직접적으로 우리의 생각과 마음을 바꾸지는 않지만, 다른 방법들보다 효과적인 이유는 정신은 통제하기 어려운 반면, 물리적 환경은 얼마든지 통제력을 발휘할 수 있기 때문이다.

마음의 흐름은 밀물, 썰물과 같아서 동요가 심하다. 인간의 마음은 기분, 인식, 쾌락, 동기부여에 영향을 미치는 요인들 때문에 하루에도 몇 번씩 변한다. 너무 강한 충동에 휘둘리기도 부지기수인데, 어떨 때는 그럭저럭 이겨내기도 하지만 어떨 때는 충동에 휘둘려 무너지기도 한다. 유혹 앞에서 나약해질 때도 많다. 또 이성을 완전히 잃는 순간이나 이성이 무기력해지는 순간도 찾아온다. 거센 파도처럼 감정이 폭발할 때가 있는가 하면, 참을 수 없을 만큼 지루할 때도 있다. 그 모든 순간순간은 인간의 마음이라는 소우주 안에서 돌발적으로 일어나며 인간의 힘으로는 피할 수가 없다.

충동을 어떻게든 억제하려고 하면 내부에서는 온갖 힘이 우리의 노력을 방해하려 든다. 의식적으로 '이러면 안 돼!' 혹은 '당장 해야 해!'라고 생각해도, 우리의 의지는 무시당하고 원초적이고 원시적인 체계가 행동을 통제하려 한다. 우리는 생각보다 우리의 마음과 행동을 통제하지 못한다. 우리를 통제하는 힘은 정신력이 아니라는 사실을 항상 자각하고 있어야 한다. 통제가 가능해 보일 때는 무의식적 쾌락의 허락을 받은 때뿐이다.

정신력만으로 무의식적 충동을 막아내려는 사람은 정신 건강이 악화되기 쉽고 신경증에 시달릴 위험이 있다.[45] 이런 사람은 마음이라는 게 얼마나 다루기 어려운지 잘 알고 있다. 금지된 충동이 빠져나오려는 순간들, 마음이 제멋대로 구는 순간들을 이미 경험했기 때문이다. 이런 사람은 자기 마음을 절대 신뢰하지 않는다.[46] 그래서 늘 충동을 경계하다 보니 무슨 일을 하든 불안해서 자유롭거나 여유롭지 못하다. 언제 충동이 튀어나와 자기를 위기에 빠뜨릴지 모르기 때문이다. 그 결과 광장 공포증, 편집증, 강박 장애와 같은 증상이 생길 가능성이 높다.[47]

언젠가 실행하자고 마음먹기는 쉽지만 막상 그때가 찾아와도 실행은커녕 기억조차 못하는 게 인간이다. 하지만 주변 환경은 우리가 바꾸면 그 상태를 유지하게 되어 있다. 독서를 하려던 사람이 텔레비전을 보다가 책 생각 자체를 잊는 경우나 다음으로 미루는 경우는 비일비재하다.[48] 텔레비전의 유혹을 이기고 독서를 잊지 않기 위해 가장 좋은 방법은 텔레비전을 치워버리는 것이다. 텔레비전을 어딘가에 치우고 그 자리에 책 한 권을 올려놓는 식의 물리적 변화는 불건전한 충동을 대부분 없앨 수 있다. 충동을 원천적으로 차단해버리는 것이다.[49]

⑦
같이하면
가치가 달라진다

───〜〜〜〜〜〜───── 목표를 이루기 위해 다른
사람들이 가진 동기를 이용하는 방법도 있다. 예를
들어 친구와 함께하는 것이다. 혼자 했을 때 지루한
일도 함께하면 재미있는 일이 되곤 한다. 그러면 그
활동을 시작하기 쉬울뿐더러 불쾌감도 줄어든다.
친구와 함께하면 길고 짜증 나는 출퇴근도 즐거워
질 수 있다.

다른 사람의 동기를 이용해 활동 자체를 더 유쾌
하게 만들 수도 있다. 운동이나 프레젠테이션 준비

는 사회적 동기를 더하면 훨씬 재미있어지며 결과에도 큰 도움이 된다. 친구에게 뭔가를 해내겠다고 미리 선포하면, 그 약속을 지키지 못할까 봐 전전긍긍하게 되고 결국 진짜로 해내게 될 가능성이 높아진다. 남들 앞에서 도덕적으로 보이려는 마음도 실제로 도덕적 행동을 하게끔 만든다. 때로는 경쟁의식이 출세의 동기가 되기도 한다. 남들을 이기겠다는 목표가 노력으로 이어지기 때문이다. 이처럼 사회적 동기를 활용해 목표를 달성할 수 있는 방법은 무궁무진하다.

⑧
동시에 하면
더 잘할 수 있는 것

～～～～～～～～ 우리는 앞서 주의력과 쾌락
의 관계를 알아보았다. 이번에는 이 둘의 관계를 활
용하여 더 효율적으로 목표를 달성하는 전략을 세
워보자. 사람들은 두 가지 일을 한 번에 하면 주의
력이 떨어질 것이라 생각한다. 하지만 주의력을 조
금만 써도 쾌락을 느낄 수 있다면 두 가지 일을 해
도 능률은 올라간다. 예를 들어, 음악을 들을 때 세
심한 주의를 기울일 필요는 없다. 그러므로 청소나
요리, 운동처럼 생산적이지만 약간은 지루한 일들

을 할 때 음악을 듣는 전략은 매우 효과적이다.

　재미없고 단순한 일이 있고, 재미는 있지만 복잡하지 않은 일이 있다. 이 두 가지 일을 할 때는 주의력을 나누어 쓰면 된다. 후자를 통해 쾌락을 얻으면서 전자를 즐겁게 할 수 있을 뿐만 아니라 주의력의 힘도 더 강해진다. 후자는 음악 듣기, 껌 씹기, 맛있는 음식이나 음료 마시기 등이 있다. 많은 사람들이 하기 싫은 일을 해야 할 때 이런 행동을 병행한다.

　그러나 이런 방법은 주의력을 다 쏟아야 하는 일을 할 때는 별로 좋지 않다. 주의력을 전부 쏟아야 하는 정신적 활동으로는 독서, 글쓰기, 수학 문제 풀기 등이 있다. 이런 일은 정신이 분산되면 제대로 수행하기 어렵기 때문이다.[50]

　주의력의 일부만 쏟아도 괜찮은 일을 할 때도 주의할 점이 있다. 일을 좀 더 즐겁게 만들려고 추가한 일에 주의력이 역전되어선 안 된다. 주된 활동에 더 많은 주의를 기울여야 하며, 부수적 활동에는 신경을 덜 써야 한다는 걸 명심하자. 예를 들어 카드

놀이(부수적 활동)를 하면서 강연을 듣는다(주된 활동)면 처음에는 그럭저럭 두 가지 다 문제없이 수행하지만, 어느 순간부터 카드놀이에 주의력을 더 뺏기면서 강연 내용을 놓치게 될 것이다. 또는 글을 쓰면서 영화를 본다면 글쓰기에 몰입해야 할 정신이 점점 영화 쪽으로 기울 수도 있다.

⑨
나를 도와주는
감정에 집중하라

〜〜〜〜〜〜〜 인간은 어디에 주의력을 집중할지 결정하는 능력이 있다. 이 능력은 쾌락과 불쾌를 동시에 경험하는 상황에 유용하다. 쾌락이든 불쾌든 목표를 이루는 데 좋은 영향을 줄 곳에 주의력을 쏟아 무의식적 쾌락을 조절할 수 있다.

주의력을 한곳에 쏟아서 그 강도를 높이면 그에 따른 감각은 생생해진다. 반대로 다른 감각은 무뎌진다. 주의력을 목표에 도움이 되는 쪽으로 유도하면 우리를 가로막는 쾌락 또는 불쾌를 극복하기 쉽다.

예를 들어 잠자리에서 일어나야 하지만 이불 속의 안락함을 떨쳐내지 못하는 사람은 가벼운 불쾌감을 수단 삼아 잠자리에서 일어날 수 있다. 허리가 조금 찌뿌둣하다면 그 불쾌감에 주의를 기울여서 이불 속 쾌감을 잊는 것이다.[51]

⑩

나쁜 감정을
에너지로 바꾸기

———〰〰〰———   감정은 동기부여의 훌륭한
원천이며, 엄청난 쾌락이나 불쾌를 일으킨다. 그러
므로 감정의 방향을 생산적인 일 쪽으로 돌리기만
한다면 일을 성공으로 이끄는 것은 그리 어렵지 않
을 것이다. 하지만 감정은 변덕스럽고 본능에 끌려
가곤 해서 통제하기가 쉽지 않다. 그러나 제대로 통
제할 수만 있다면 어떤 일에든 활용할 수 있다.

예를 들어 배우자에게 화가 난 사람이라면 복수
를 하고 싶을 것이다. 상대에게 창피를 주거나 소중

히 생각하는 물건을 망가뜨릴 수도 있다.[52] 아니면 화를 꾹 참고 스트레스를 받은 채로 견딜 수도 있다. 전자도 바람직하지 못하지만 후자도 건강에 해롭다. 그러나 이런 분노를 생산적인 일로 돌려 활용할 수 있다면 엄청난 에너지를 발휘할 수 있다. 이를테면 자질구레하고 귀찮은 일, 평소 미루고만 있었던 일들을 몰아서 해치우는 것이다. 그럼으로써 배우자와 일정한 거리를 둘 수 있고, 복수하고 싶은 마음도 살짝 풀릴 수 있다.

부정적인 감정뿐 아니라 긍정적인 감정의 방향도 돌릴 수가 있지만 차이점이 하나 있다. 분노나 수치심 같은 부정적 감정을 생산적인 일로 바꿀 때는 그 일이 감정을 어느 정도 해소해줘야 한다는 점이다. 다시 말해 분노 때문에 에너지를 썼다면 결과적으로 분노가 사그라져야 한다. 그에 반해 긍정적 감정은 아무런 조건 없이 마음껏 활용할 수 있는 쾌락이다. 행복은 잠재의식을 통해 행복을 준 원천을 곱씹게 만들고, 들뜬 기분은 잠재의식을 통해 계속 기분을 들뜨게 만드는 쪽으로 유도한다. 행복과 들뜬 기분은 모두 쾌락의 잔여 원천이며, 그 상태에서는 무슨 일을 하든 쾌락적인 일로 여기게 된다. 그 사람은 이미 감정적이고 화학적인 쾌락을 경험하고 있기 때문이다.

다시 한번 정리하자면 부정적 감정의 방향을 돌리는 방법은 행동의 결과와 관계가 있다. 최종적으로 감정이 해소돼야 하기 때문이다. 그러나 긍정적 감정의 경우에는 행동 자체와 관련이 있다. 어떤 행동을 하든 이미 그 자체에서 즐거움을 느끼고 있기 때문이다.

무엇을 상상하든
그대로
이루어지리라

~~~~~~~~~~~~ 이번에 소개할 방법은 활동의 시작 단계에서 활용할 수 있다. 어떤 일을 시작하기 위해 몸만 조금 움직이면 되는 경우, 자신이 그런 일을 한다는 상상은 실제 동작에도 영향을 미친다. 무언가를 처음 시작할 때는 항상 어려운 법이다. 그게 소파에서 일어나 책상으로 가는 정도라도 동기가 부족한 사람에게는 한없이 귀찮은 일이다. 동기부여가 충분해도 몸을 일으키기 위해 필요한 시동 에너지 때문에 몸이 말을 듣지 않는 경우도 많

다. 이때 상상력을 이용하면 쉽게 극복할 수 있다.

먼저 원하는 동작을 하고 있는 자신의 모습을 1인 칭으로 상상해보자. 이때의 상상은 매우 구체적이어야 한다. 팔을 어떻게 움직이고, 다리는 어떻게 움직이는지 등을 떠올린다. 시간이 그리 오래 걸리지 않을 것이다. 일단 상상한 후에는 더 노력할 것도 없이 몸이 스스로 반응한다. 한번 시도해보면 스스로도 놀랄 정도로 간단하다. 이것이 시동 에너지를 극복할 수 있는 손쉬운 방법이다.

이 방법이 왜 이렇게 간단하고 효과적인지 원인을 살펴보자. 첫째, 상상을 한 후에 실제로 실행하지 않으면 우리 몸은 불편한 긴장 상태가 되어 이를 해소하려 하기 때문이다. 무의식적 쾌락은 이 긴장을 해소하도록 명령을 내리고 우리 몸은 거기에 따라 행동하게 된다. 둘째, 어떤 동작을 하기 전에 미리 상상을 하는 과정이 몸과 마음을 연결하는 통상적인 방식이기 때문이다. 예를 들어 A 지점에서 B 지점까지 가야 할 때 우리의 뇌는 무의식적으로 경로를 떠올린다. 문득 정신을 차려보니 자신이 밥을 먹고 있다면 냉장고에서 음식을 꺼내 식탁에 올린 후 숟가락을 들고 먹는 과정까지 무의식적으로 미리 상상을 했기 때문이다. 대화 중에도 어떤 말을 하려고 미리 생각했지만 도중에 마음을 바꿔 참기로 했다가 자기도 모르게 그 말을 내뱉을 때가 있다. 이 것도 미리 상상했던 대로 몸이 움직인 결과다.

⑫
카페인
이펙트

———〰〰〰〰〰——— 대부분의 약물에는 쾌락 효과가 있어서 약물 중독에 빠지기 쉽다. 부수적인 효과로 주의력이나 인지 능력을 떨어뜨리기도 하는데, 알코올이 대표적이다. 인지력과 주의력이 필요한 일을 해야 한다면 동기부여를 위해 술을 마시는 건 최악의 선택이다.

그러나 인지 능력에 피해를 주지 않으면서 쾌락을 제공하는 물질도 있는데, 카페인이 대표적이다.[53] 커피 같은 카페인 음료를 마시는 것은 조용하게 깔린 음악을 들을 때처럼 주의력을 거의 쓰지 않아도 되는 행위다. 고도의 주의력이 필요한 작업을 해야 할 때는 커피가 큰 도움이 될 때가 많다.

이런 물질을 이용하는 것은 활동 자체와 관련이 있다. 현재 활동과 더불어 미래 활동도 더욱 즐겁게 만들기 때문이다.[54]

나에게
보상하기

━━━━━～～～━━━━━ 특이한 동기부여 방법 중 하나는 지금의 욕구를 이용하는 것이다. 허기, 놀고 싶은 욕구, 흡연 욕구, 성충동 등은 지금 하는 일에서 한눈을 팔게 만든다. 하지만 이런 욕구를 방해물이 아니라 동기부여의 원동력으로 만들 수 있다. 목표량을 설정해서 그것을 달성한 후 나에게 주는 '보상'으로서 욕구를 해소하는 것이다.

예를 들어 글을 몇 페이지 쓰겠다거나 과제를 끝내겠다는 목표를 정한 뒤 그것을 끝마치면, 허기든

놀고 싶은 욕구든 마음껏 해소하는 것이다. 이처럼 즉각적인 만족보다 미래의 보상을 우선시할 수 있도록 주변 환경을 조성하면 목적 달성에 효과적이다.[55]

하지만 남발해서는 안 된다. 스트레스가 심할 수 있기 때문이다. 또한 허기 같은 욕구는 나중으로 미루면 건강에 독이 될 수도 있다. 이 같은 방법은 현재 활동과 그 활동의 결과와 관련이 있다. 즉 지금 하고 있는 일의 부정적인 영향은 낮추고 그 활동의 결과에는 욕구를 충족시켜 주는 동기를 부여하는 것이다. 결과적으로 지금 일을 방해하고 있는 욕구가 일을 끝마치기 위한 추가 동기로 바뀌게 된다.

⑭
집중이 안 되면
차라리 멈춰라

━━━━━━━━━━ 동기를 현명하게 조절하려면 현재의 동기부여 상태뿐 아니라 주의력의 용량도 파악하고 있어야 한다. 주의력의 총용량은 피로도, 소화 상태, 혈당 같은 요인의 영향을 받아 자주 변하기 때문이다. 일에 따라 필요한 주의력도 다르다. 어떤 일에는 엄청난 주의력이 필요하다. 예를 들어 어려운 물리학 문제 풀기, 난해한 문학 작품 읽기, 또는 복잡한 애플리케이션 프로그래밍하기 같은 일들이 그렇다.

주의력을 발휘할 수 없다면 그 어떤 동기도 도움이 되지 않는다. 게다가 일을 해내기도 버겁고 마음만 무거워질 것이다. 주의력을 많이 써야 하는 일을 할 때는 자신의 주의력 용량에 신경써야 한다. 그런 일을 할 때는 순식간에 지루해지기 쉽기 때문에 좀 더 즐거운 일에 끌리게 된다. 그럴 때는 지금 하는 일에 조금 더 재미를 추가하거나 잠시 손을 놓고 아예 다른 일을 하면서 기분 전환을 하는 편이 낫다.

주의력의 용량을 살피려면 연습이 필요하지만 시간이 흐르면 누구나 잘할 수 있다. 주의력에 신경쓰면서 행동하는 것은 현재 활동과 관련이 있으며, 지금 하는 일이 어렵게 느껴진다면 왜 그런지 알 수 있게 해준다.

⑮
더 재미있는 일은
일부러 피하기

━━━━～～～～━━━━ 하루 중 생산적이고 복잡한 일을 하기에 가장 좋은 때는 아침에 눈을 뜬 직후다. 아침에 우리는 쾌락 중립 상태(쾌락도 불쾌도 경험하지 않은 상태)에 있거나 수면의 쾌락에서 아직 빠져나오지 못한 상태이다. 이때는 쾌락이 적은 일도 잘 해낼 수 있다. 밤새 푹 자고 일어나서 기분이 상쾌하기 때문에 약간 지루하거나 재미없는 일도 시작할 수 있다. 이때 텔레비전을 보거나 게임을 하는 것은 최악의 선택이다. 이런 일이 큰 재미를 주

지만 다음에 할 일은 대부분 그 일보다 쾌락의 양이 적을 것이기 때문이다. 강렬한 쾌락을 맛보다가 상대적으로 약한 쾌락을 경험하는 게 얼마나 힘든지는 앞에서 언급한 바 있다.

물론 아침에만 쾌락 중립 상태인 건 아니다. 아침에 게임을 했다고 해서 하루를 몽땅 허비하게 되는 건 아니다. 쾌락을 중립 상태로 회복하기 위해 할 수 있는 일은 많다. 산책, 샤워, 식사, 낮잠, 명상……. 하지만 아침부터 강렬한 쾌락에 손을 대면 하루 종일 게을러질 확률이 높다. 중요하고 생산적이지만 재미는 없는 무언가를 해야 한다면 그 전에 더 재미있는 일, 더 쾌락적인 일을 하면 안 된다. 그렇게 해버리면 진짜 중요한 일을 시작할 의욕이 생기지 않아 하루 종일 미루게 된다.

아침에 일어났을 때 상쾌하지 않고 찌뿌듯하거나 몸이 무겁다면 다른 상황이다. 쾌락이 중립인 상태가 아니라 마이너스인 상황이기 때문이다. 컨디션이 안 좋을 때는 될 수 있는 한 불쾌감을 없애고 싶을 텐데, 그런 동기를 이용해 쾌락적이면서 편한 일로 하루를 시작하는 것이 좋다. 재미있는 영상을 잠시 보거나 가벼운 산책을 즐기거나 따뜻한 물로 샤워를 해서 몸과 마음을 개운하게 해주면 불쾌감이 완화될 것이다. 그런 후에 생산적인 일로 넘어가는 것이 효과적이다.

이 방법은 어떤 일을 할지 말지 유도하는 데에도 적절하게 쓰면 유용하다. 쾌락은 상대적이기 때문에 중립 상태(지루한 상태)에 있는 사람은 아주 작은 쾌락에도 마음을 빼앗기지만 이미 너무나도 강렬한 쾌락을 맛본 사람은 아무런 감흥도 느끼지 못한다.

⑯
나의 믿음직한 비서,
화이트보드

~~~~~~~~~~~~~~~ 지금까지 목표를 달성하기
위해 통제해야 할 요소들을 살펴봤다. 가장 중요한
것은 정신 상태를 일을 수행하기에 최적화된 상태
로 만드는 것이다. 정신 상태란 우리가 현재 가지고
있는 인지력과 주의력의 용량, 지금 느끼는 쾌락과
불쾌를 말한다. 그런데 이때 예상치 못한 걸림돌이
하나 있는데, 바로 우리의 기억력이다.

우리는 급한 일을 다 끝내고 나면 생산적인 일을
할 시간과 동기, 인지 용량은 있는데 딱히 할일이

떠오르지 않을 때가 있다. 그래서 좀 빈둥거리며 시간을 낭비하다가 문득 그동안 하려고 했던 일들이 한꺼번에 떠오른다.

우리의 기억력은 그다지 유능한 비서가 아니다. 중요한 일 몇 가지 외에는 우리가 계획했던 일들을 딱 좋은 타이밍에 알려주지 않는다. 하지만 다행히도 좋은 해결책이 있다. 기억에 의존하지 않고 눈에 보이는 곳에 메모를 해놓는 것이다.

그런 의미에서 화이트보드는 훌륭한 도구다. 필요한 것이든 해야 할 일이든 생각나는 대로 일단 적어놓으면 되고, 다음에 뭘 해야 할지 떠오르지 않을 때는 화이트보드에 적은 것을 확인만 하면 된다. 화이트보드를 잘 보이는 곳에 놓아두면 어쩌면 그냥 빈둥거렸을지도 모를 시간을 충실히 보낼 수 있다.

또한, 화이트보드에 할일을 미리 적어두면, 틈날 때마다 무슨 일을 해야 하는지 생각할 수 있으므로 우리 의식은 자연스레 다음 활동으로 향한다. 뭘 해야 하는지 애써 기억해내고, 판단해야 하는 과정이 생략되므로, 좀 더 빨리 일을 시작할 수 있다.

　다만 화이트보드의 내용은 자주 바꿔야 한다. 이미 완료한 부분은 지우고 새로 할일만 남겨둬야 한다는 뜻이다. 지우지 못한 일정만 가득한 화이트보드는 그저 자리만 차지하는 짐일 뿐이다. 화이트보드가 벽지 같은 존재가 되어버리면 우리의 기억을 상기시켜 줄 수가 없다. 그렇기 때문에 화이트보드에는 장기 과업보다는 단기 과업을 메모하는 것이 효과적이다. 물론 화이트보드 외에도 포스트잇이나 스마트폰의 메모 기능도 활용할 수 있다. 하지만 포스트잇은 작아서 먼 데서는 읽기가 어렵고, 스마트폰은 메모 기능을 열어서 봐야 하는 번거로움이 있다.

7장

"내가 원하는
나를 만나다"

기대를 현실로 바꾸는 동기부여의 힘

불안을 없애면
미루지
않는다

〜〜〜〜〜〜 마침내 우리는 이 책을 시작할 때 만났던 등장인물들을 다시 만나게 되었다. 지금까지 배운 지식을 바탕으로 그들에게 어떤 해결책을 줄 수 있을지 알아보자.

짐부터 만나보자. 짐은 마감이 코앞에 올 때까지 과제를 미루기만 했다. 그 때문에 스트레스도 받고 결과물의 질도 떨어진다. 그렇다면 짐의 문제는 무엇일까?

먼저 분명히 짚고 넘어가야 할 사항이 있다. 짐이

과제 작성을 불쾌한 일로 예상하고 있다는 점이다. 짐의 두려움이 어느 정도인지 정확히 측정할 수는 없다. 아마 미칠 듯한 불쾌감까지는 아닐 것이다. 그러나 쾌락은 거의, 또는 전혀 없을 게 분명하다.

과제를 하지 않았을 때 감당해야 할 부정적인 결과가 짐에게 동기를 제공하기는 했다. 어느 정도는 말이다. 그러나 앞에서도 살펴봤듯이 부정적 결과는 마지막에야 힘을 발휘했으며, 오히려 이 불안이 불쾌감이 되어 짐이 과제를 계속 미루게 했다.

시동 에너지는 어떤가? 과제를 시작하는 데 드는 물리적 노력은 아주 적다. 컴퓨터를 켜고 워드프로세서를 열기만 하면 된다. 이 활동의 시작을 더 쉽게 만들기 위해 할 수 있는 일은 별로 없다. 따라서 우리는 과정과 결과 면에서 이 문제를 공략할 것이다.

이제 과제를 하는 과정을 조금이나마 즐겁게 만들 수는 없는지 생각해보자. 그러기 위해서 먼저 과제의 불쾌감이 실제보다 과장돼 보이는 것은 아닌지를 살펴봐야 한다. 이런 사례에서 우리는 실제로 해야만 하는 일을 있는 그대로 상상하지 못하는 경우가 많다. 일을 해내지 못할 것 같은 두려움과 불안감이 그 일을 실제보다 더 불쾌하게 만드는 것이다.

그럴 때는 다짜고짜 과제에 뛰어들 게 아니라 먼저 꼼꼼하게 계획을 세우는 것이 좋다. 과제의 세부 순서를 정해서 만만한 단위로 쪼개는 것이다. 예를 들어 과제를 절(節)별로, 아니면 주제별로 나누면 각 부분에서 해야 할 일을 파악하기가 쉽다. 따라서 과제 전체를 앞에 두고 느꼈던 막막함이 사라지고, 두려움과 불안감도 덜 수 있다. 물론 과제를 할 때의 물리적인 노력이 줄어드는 것은 아니지만 심리적인 저항감은 상당히 줄어든다.

과제를 시작하려는 짐에게 과제를 하기 직전에는 쾌락을 주는 일은 하지 말라고 조언해주자. 즐거운 일을 한 뒤에 과제에 집중하기가 얼마나 어려운지 우리는 잘 알고 있다. 그리고 추가로 과제가 그렇게 불쾌한 일은 아니라고 알려줄 필요가 있다. 기분이 좋거나 중립 상태일 때 과제를 시작하면 효과적이

라는 조언도 해주자. 물론 이런 방법을 동원해도 불쾌감이 완전히 사라지긴 힘들 것이다.[56]

이제 짐이 좀 더 편하게 과제를 할 수 있는 보조 수단을 찾아보자. 과제를 하는 데 주의를 집중해야 하므로 음악은 적당하지 않다. 가장 좋은 무기는 카페인이다. 카페인은 짐에게 쾌락을 줄 테고, 쾌락은 과제의 불쾌감을 달래줄 것이다. 따라서 커피가 최선책이라는 걸 알려주자.[57] 또한 친구와 과제를 함께하는 것도 좋다고 조언해줄 수 있다. 친구가 짐에게 과제에 대한 조언까지 해준다면 금상첨화일 것이다.

이런 방법을 모두 실행해도 짐의 과제는 중립적 쾌락 상태 또는 조금 불쾌한 상태가 될 뿐이다. 그래도 괜찮다. 우리에겐 아직 결과 영역에서 활용할 수 있는 동기부여원이 남아 있으니까.

짐이 스스로 행동의 결과에 더할 수 있는 설정은 다양하다. '과제 먼저 끝내기'를 두고 친구와 내기를 할 수도 있고, 욕구(텔레비전 시청, 밖에서 놀기, 술 마시기 등)를 과제 후의 보상으로 돌려서 스스로를 독려할 수도 있다.

지금까지 살펴본 모든 동기부여 요인들이 짐을 도와줄 것이다. 하지만 이런 방법을 쓰고도 과제를 미루는 사람이라면 차라리 마지막 순간까지 버티는 게 나을지도 모른다. 눈앞에 닥친 재앙 말고는 달리 그 사람을 움직이게 할 동기가 없을 테니 말이다.

주의할 점이 하나 더 있다. 짐이 우리의 조언을 정말로 따른다면 과제를 미루지 않고 해낼 만한 동기는 갖추게 되지만, 그렇다고 과제가 술술 진행되는 것은 아니다. 일단 시작을 했지만 도중에 다른 쾌락적인 활동으로 넘어간 후 과제로 돌아오지 않을 가능성도 있다. 과제를 시작했다고 해서 5분 후, 10분 후까지 저절로 지속되는 건 아니다. 그러나 우리는 이 문제의 대처법을 알고 있다.

이때는 현재 활동에서 더 쾌락적인 미래 활동으로 넘어가지 않도록 주의해야 한다. 현재 활동의 쾌락과 그것을 중단했을 때의 결과를 더한 합이 미래

활동의 세 가지 요소(시동 에너지, 활동, 활동의 결과)
에서 얻는 종합적 쾌락 유인보다 클 수 있는가를 살
펴봐야 한다(135쪽 그림 3 참조). 우리는 짐의 과제
를 최대한 쾌락적으로 만들기 위한 모든 방법을 이
미 동원했다. 그러니 남은 방법은 과제를 중단하게
만들 미래 활동을 최대한 덜 쾌락적이게 만드는 것
이다.

가장 좋은 해결책은 짐이 과제보다 쾌락적인 활
동에 접근하지 못하도록 스스로를 고립시키는 것이
다. 짐이 쾌락적인 활동에 대한 유혹을 이겨내고 과
제를 해내려면 애초에 그런 일에 접근할 수 없도록
만들어야 한다. 그래야 과제를 하는 도중에 딴짓이
하고 싶어도, 딴짓을 하기 위해 필요한 노력을 생각
하면 다시 과제에 집중할 수 있다. 예를 들어, 쾌락
적인 활동이 차단된 도서관에 가면 과제에만 온전
히 몰입할 수 있다. 물론 집도 그런 환경으로 조성
할 수 있다. 텔레비전의 코드를 빼놓거나 인터넷 연
결을 해제하면 어느 정도 시동 에너지가 쌓이기 때

문에 한눈을 덜 팔게 된다.

짐의 문제는 이쯤에서 끝내도 될 듯싶다. 짐이 우리의 조언을 따른다면 짐은 이제 과제를 성공적으로 마칠 수 있을 것이다.

오래하려면
함께하라

〰〰〰〰〰 이제 애너메리에게 가보자. 애너메리는 헬스장에 가서 운동을 하려 했지만 동기부여에 어려움을 겪고 있었다.

애너메리의 문제는 세 가지였다. 첫째, 집에서 헬스장까지의 이동 거리다. 실제로 얼마나 먼지는 모르겠지만 무시할 수 없을 정도의 노력을 들여야 하는 것으로 보인다. 둘째, 운동은 본질적으로 불쾌한 활동이다. 운동을 하다 보면 몸의 어딘가가 아플 수밖에 없다. 게다가 운동이라는 신체 활동은 시간이 흐를수록 점점 더 단조롭고 불쾌해지기 마련이다.[58] 셋째, 운동을 통해 얻는 결과를 구체적으로 느끼지 못한다. 처음 몇 주간은 헬스장에 부지런히 다녔지만 눈에 띄는 성과가 보이지 않자 운동의 결과가 점점 막연한 것, 도달하기 어려운 목표로 변질되었다. 이런 세 가지 측면에서 그녀는 동기를 잃었다.

먼저 거리 문제부터 살펴보자. 실제로 헬스장까지의 거리를 줄일 수는 없으니 어떻게 하면 이동 시간을 덜 불쾌하게 만들지 모색해야 한다. 헬스장까지 가는 동안 음악이나 오디오북을 들어도 좋고, 친구와 함께 가도 좋을 것이다. 아니면 헬스장 근처에 괜찮은 마트나 카페, 서점 등이 있다면 헬스장을 간 김에 들르는 식으로 헬스장에 갈 이유를 만들어도 효과적이다.

운동 과정을 즐겁게 만들기 위해서도 같은 방법을 쓸 수 있다. 음악을 들으며 운동을 하면 조금 도움은 되겠지만 운동을 쾌락적으로 만들어준다고 보기는 어렵다. 오디오북은 보통 주의력을 많이 기울여야 하므로 운동을 건성으로 하게 될 가능성이 높다. 가장 좋은 방법은 친구와 함께 운동하는 것이다. 이처럼 사회적 동기를 더하면 운동을 할 때 체력을 덜 고갈하면서 즐겁게 해낼 수 있다. 또 다른 방법은 운동 보조제를 섭취하는 것이다. 운동 보조제는 운동의 단조로움과 신체적 불쾌감을 해소하기 위해 화학적으로 쾌락을 제공한다. 하지만 장기적으로 건강에 미치는 영향을 고려해 전문가와 상담을 한 뒤 섭취하는 것이 현명하다.

우리가 애너메리의 운동 성과를 눈에 띄게 만들수는 없지만, 그래도 애너메리에게 효과적인 동기부여를 해줄 수는 있다. 애너메리가 우리의 조언을 받아들여 친구와 함께 운동을 한다면, 그 자체가 결과의 동기부여원이다. 헬스장에서 혼자 애너메리를 기다릴 친구를 생각하면 헬스장에 가지 않을 수가 없다. 또한 헬스장을 가지 않았을 때, 친구가 자신을 게으르고 한심하게 볼 것이라 생각할 수 있다. 바로 이 죄책감과 창피함이 동기가 된다. 헬스장에 함께 다닐 친구가 없거나 친구만으로 동기부여가 충분치 않다면 개인 트레이너의 지도를 받는 것도 좋다. 개인 트레이너는 친구보다 더 강한 동기를 준다. 개인 트레이너는 친구보다 화도 더 많이 내고 지적도 더 많이 해주기 때문이다.[59] 물론 헬스장 출석을 조건으로 누군가와 내기를 해도 좋다. 내기는 늘 훌륭한 결과의 동기부여원이니까.

이렇게 헬스장에 가야 하는 동기가 쌓였으면 이제 애너메리가 운동을 그만둘 가능성은 줄어든다. 헬스장은 다른 쾌락적 유혹에서 격리된 공간인데다 친구나 개인 트레이너가 있으면 운동을 그만두기 어려워진다. 헬스장에 나가지 않았을 때 변명을 해야 하는 상황 자체가 부정적인 감정을 일으키기 때문이다.

이 정도면 애너메리의 문제는 일단락할 수 있다. 더 이상 우리가 해줄 조언도 없다.

눈에는 눈,
쾌락에는 쾌락

~~~~~~~~~~ 이제 흡연가 존을 만나보자.
많은 사람들이 존의 사례는 다른 사례들과 다르다
고 생각할 것이다. 다른 사례들은 심리적인 문제들
로 보이는데, 담배 중독은 신체의 문제처럼 보이기
때문이다. 하지만 동기부여의 본질에 눈을 떴다면
이런 구분이 무의미하다는 걸 알아차렸을 것이다.

심리적인 중독은 쾌락이 부족해서 중독된 대상을
끊임없이 추구하는 것이다. 신체적인 중독은 중독
된 무언가를 하지 않았을 때 불쾌를 느끼는데, 만약

물질에 중독된 경우라면 그 물질의 화학적 영향 때문이다. 이 정도의 차이점은 있으나 둘 다 본질적으로 쾌락과 불쾌를 통제해야 개선할 수 있다. 이제부터 우리는 동기를 부여해줄 여러 수단을 동원해 두 가지 중독 모두와 맞서 싸울 것이다.

존이 담배를 끊기 위해 시작 단계에서 취한 노력은 이미 살펴보았다. 존은 물리적으로 담배를 손에 대지 못하도록 할 수 있는 모든 수단을 다 썼다. 그러나 그것만으로는 역부족이었다.

그렇다면 어떤 동기가 더 필요했던 것일까? 이미 시작 단계의 동기는 충분했다. 그 동기부여가 어느 정도는 금연에 효과적이기도 했다. 담배를 피우는 게 현실적으로 어려워졌고, 흡연의 부정적인 결과를 떠올리면서 흡연 충동을 잘 억제할 수 있었다. 하지만 금단 현상 때문에 일이 손에 안 잡혔고, 이것이 결정적인 영향을 미쳐 끝내 유혹에 굴복했다.

존의 상황을 개선하기 위해서는 먼저 그런 부정적인 결과들을 제거해야 한다. 존에게 휴가를 내고 얼마 동안 쉬라고 조언해주자. 그러면 다른 데 주의를 뺏길 필요 없이 쾌락(흡연)을 추구하고 불쾌(니코틴 부족)를 줄이려는 충동만 억제하면 된다. 물론 존이 그 충동을 극복하지 못할 위험도 여전히 남아있다.

담배를 절대 피울 수 없는 곳, 담배가 아예 없는 곳으로 존을 보낸다면 금연에 성공할 가능성이 높아질 것이다. 하지만 그런 일은 현실적으로 불가능하다. 그런 선택지를 제외한 차선책은 쾌락을 얻을 수 있는 다른 활동에 몰두하도록 하는 것이다.

존의 흡연 욕구는 쾌락 부족과 니코틴 부족 때문에 불쾌감을 줄이려는 욕구이다. 전자는 다양한 방법으로 충족시킬 수 있지만 후자는 담배나 다른 화학물질로만 충족시킬 수 있다.

먼저 쾌락 부족 때문에 느끼는 불쾌감은 쾌락을 얻을 수 있는 다른 활동으로 대체할 수 있다. 음악을 듣거나 하이킹, 수영처럼 운동을 해도 좋고, 커피를 마시거나 텔레비전을 봐도 괜찮다.[60] 이런 활동은 담배에서 얻던 쾌락이 사라진 자리를 메워줄 것이다. 동시에 니코틴 부족 때문에 느끼는 불쾌감도 살짝 달래줄 수 있다. 현재 활동의 쾌락을 늘리고 미래 활동(흡연)의 쾌락을 줄여주기 때문이다. 아픈 아이를 쓰다듬는 엄마 손은 쾌락을 주는 동시에 아이의 관심을 통증에서 멀어지게 한다. 마찬가지로 즐거운 일을 하고 있으면 니코틴 부족으로 느끼는 불쾌감이 완화되어 흡연으로 해소하려던 충동이 훨씬 줄어들게 된다.

니코틴 부족 때문에 생기는 불쾌감을 달래는 방법은 니코틴 껌이나 니코틴 패치를 이용하는 것이다. 존이 이런 니코틴 보조제를 쓰고 싶지 않다면 흡연 욕구를 억누르면서 참는 것 외에는 달리 방도가 없다. 하지만 니코틴 보조제를 이용한다면 니코틴 부족의 불쾌감은 점점 줄어들다가 완전히 사라질 것이다.[61]

흡연 욕구는 시간이 흐르면서 줄어들기 때문에 금연이 어려운 것만도 아니다. 다만, 외면하려 할

수록 점점 강해지는 욕망이라면, 그것을 없애려는 시도는 부질없고 엄청난 노력만 소모하게 될 것이다.[62]

흡연 욕구는 어느 날 피운 담배 한 개비 때문에 부활할 수도 있다. 금연에 성공하고 수개월 또는 수년 동안 담배를 일절 입에 대지 않았던 사람들이 어쩌다 담배 한 개비를 피우고 전에 느꼈던 갈망을 다시 맛보았다고 한다. 그래서 다시 중독에 빠진 사람도 있다.

금연 상태를 계속 유지하고 싶다면 담배를 절대로, 단 한 개비도 피워서는 안 된다. 그 어떠한 전략보다 반드시 지켜야 할 원칙은 담배를 사지도 않고, 담배 생각이 나더라도 절대 담배를 가까이 두지 않는 것이다.

즐거움을
귀찮음으로
바꿔라

──∿∿∿∿──── 이제 비디오게임에 중독된
준서를 만나보자. 준서의 게임 중독 증세는 다행히
엿새 동안만 지속되었다. 게임 중독은 쾌락을 추구
하려는 충동에 자신을 내맡긴 행위이므로 전형적인
심리적 중독이다. 게임 중독이 엿새 만에 끝난 것은
준서가 게임을 마지막 스테이지까지 완료했기 때문
이다. 게임을 끝까지 간 후에는 게임에 대한 재미도
사라진다. 같은 게임으로는 더 이상 새로운 경험을
할 수 없기 때문이다.

만일 준서가 게임을 끝내는 데 엿새가 아니라 2주가 걸렸다면, 그는 2주 내내 게임을 했을 것이다.[63] 또는 게임이 마지막 스테이지가 없어 무한정 계속할 수 있거나 더 재미있는 다른 게임을 시작했다면 게임 중독도 계속 이어졌을 것이다.[64]

아무튼 짧은 시간 비디오게임에 노출된 것만으로 준서가 게임에 중독된 것은 놀랍다. 겨우 엿새간이라도 말이다. 그러나 이제 중독이라는 말이 얼마나 피상적인지, 특히 심리적 중독이 얼마나 피상적인지 알고 있을 것이다. 우리는 준서가 일시적으로 중독된 이유를 파악했다. 생물학적으로 모든 인간은 쾌락을 추구하기 때문이다. 그렇게 본다면 모든 인간은 쾌락 중독자다. 그 쾌락을 불건전한 수단을 통해 얻으려 할 때 우리는 보통 중독이라는 딱지를 붙인다.

준서에게 가장 큰 문제는 비디오게임이 너무너무 재미있다는 것이다. 이 책 앞부분에서 이미 언급했듯이, 게임 중독에서 벗어나려면 게임을 할 수 없도록 치워서 게임의 시작을 번거롭게 만드는 게 최선이다. 준서도 이런 조치를 취하면 게임을 그만둘 수 있다. 물론 준서처럼 게임을 모두 완료해야만 중독에서 벗어날 수도 있다. 하지만 그러기 위해서는 그때까지 허비되는 시간과 노력을 감수해야 한다.

게임 중독에서 벗어나기 위한 방법 한 가지를 더 소개하겠다. 게임을 절반 또는 75퍼센트쯤 진행했을 때 저장 파일을 완전히 삭제하는 것이다. 그러면 게임을 할 때의 기대감이 사라지게 된다. 아직 도달하지 못한 부분이 궁금하면 새로 게임을 시작해야 하지만, 그러기에는 이미 다 알고 있는 앞부분을 지루하게 반복해야 한다. 그리고 그 부분까지 도달하려면 몇 시간 또는 며칠이 걸릴 수도 있기 때문에 게임 후반부에서 흥분과 쾌감을 얻기는 쉽지 않을 것이다. 게다가 게임을 그만두려고 일부러 삭제한 만큼 다시 게임을 시작하면 자괴감에 빠질 가능성이 높다.

마지막 스테이지까지 게임을 완료하면 보통 게

임에 대한 흥미를 잃게 마련이지만, 다른 게임으로 새로운 쾌락을 얻으려는 경우도 있다. 이미 끝난 게임에서 얻을 수 있는 쾌락이 없어졌을 뿐 쾌락 추구 욕구는 사라지지 않았기 때문이다. 그 결과 비슷한 유형의 재미를 주는 게임을 찾아 나서게 된다. 쾌락을 얻으려는 동기가 매우 강해진 상태라 아무리 힘들어도 기꺼이 마음에 드는 게임을 찾으려 할 것이다.

그러나 처음 중독된 게임을 중간에 끊어버리면 동기부여의 지형이 꽤 달라진다.[65] 첫 게임은 여전히 갈망의 대상이지만 앞에서 말한 저해 요소 때문에 새로 시작하는 걸 주저하게 된다. 그러면 새로운 게임을 찾을 가능성과 기존 게임을 재시작할 가능성은 비슷해진다.[66] 결국 십중팔구 어느 쪽 게임도 선택하지 않을 것이다.

이런 방법은 게임 자체를 못하도록 예방주사를 놓는 셈이다. 처음부터 접근하기 어려운 곳에 게임기나 컴퓨터를 옮겨놓는 것도 마찬가지다. 두 가지 방법 모두 게임에 접근하려면 장애물을 넘어야 한다. 게임 중독을 극복하는 데는 이런 방법이 가장 효과적이다.

불편함이
가져다주는
선물

───────── 이제 마지막 인물, 잠꾸러기 톰을 만날 차례다. 톰은 앞서 만난 인물들처럼 강한 충동과 싸워야 하는 처지와는 다른 경우다. 톰은 지나치다 싶을 만큼 원초적인 생물학적 본능, 즉 잠에 빠져 있다.

먼저 잠에 대해 알아보자. 우리는 보통 인간의 수면은 심리적인 영역과 무관하며, 생체 시계에 맞추어 매일 일고여덟 시간은 자야 한다고 알고 있다. 또한 그 시간보다 더 많이 자거나 적게 자는 것은 건강에 해롭다고 생각한다. 하지만 이런 생각들을 버릴 필요가 있다. 잠도 다른 행동들과 다를 바 없이 동일한 동기부여 원칙과 동일한 무의식적 쾌락의 원리를 따른다. 잠도 결국 쾌락적인 일이며, 불쾌를 유발하는 피로를 풀어준다.

잠은 피로와 상관없이 쾌락적인 일이다. 그러나 톰의 늦잠이 피로와 관련이 있는지 없는지 알아보기 위해서는 먼저 피로의 심리 작용을 살펴봐야 한다.[67]

피로감은 하루 종일 깨어 있다고 해서 저절로 느껴지는 게 아니다. 피로감은 매우 구체적인 심리적 기폭제가 터뜨리는 심리 현상이다. 그 기폭제는 우리를 지루하고 불쾌하게 만드는 대상에 억지로 집중해야 하는 행위다. 무의식적 쾌락은 그런 대상에서 우리의 주의력을 떼어내려고 애쓴다. 하지만 우리는 성취하고 싶은 결과를 위해 그 대상에 집중한다. 이렇게 무의식적 쾌락과 싸우며 그 대상에 주의력을 쏟다 보니 피곤해지는 것이다.

예를 들어보자. 읽고 있는 책이 너무 지루한데 흥

미진진한 다음 장을 위해 꾹 참고 읽어야 한다면 피곤해질 것이다. 강의하는 교수님이 나직한 목소리로 웅얼거리고 있지만 그 강의가 끝날 때까지 억지로 들어야 한다면 졸음이 밀려올 것이다.

최근에 나는 고래 관찰 유람선을 탔다. 혹등고래를 기다리느라 단조롭게 넘실거리는 바다를 뚫어져라 보고 있는데 눈꺼풀이 자꾸 무거워졌다. 주변을 둘러보니 이미 충분히 휴식을 취하고 온 관광객 전원이 잠들어 있었다. 최면을 유도하는 방법도 이런 식이다. 특별히 의미 없는 말을 느리고 가라앉은 목소리로 반복하거나 50부터 거꾸로 세기처럼 별생각 없이 할 수 있는 따분한 일을 시켜 강렬한 피로감을 유발하는 것이다.

톰의 과수면도 이런 이유일 수 있다. 톰의 하루 일과 중 가장 많이 차지하는 행위가 위와 같은 방식으로 피로감을 준다면 톰은 많이 잘 수밖에 없다. 가장 유력한 원인은 톰의 직업이다. 우리가 어떤 활동에서 얻는 재미는 거기에 몰두하는 능력에 좌우

된다. 톰의 주의력 용량이 하루 동안 감소하는 만큼 정신적으로 힘든 일에 몰두하는 능력도 감소할 것이다. 톰은 집에서 컴퓨터로 일을 했다. 출퇴근 시간이 정해져 있지 않기 때문에 주의력의 총량을 모두 사용한 후에도 억지로 일을 계속했을 수 있다. 그러면 일은 지루하고 버거워질 테고, 그 때문에 피로가 쌓일 것이다. 참고 열심히 하면 할수록 피로감도 증가한다.[68]

하지만 출퇴근 시간이 정해진 직장인들도 같은 피로를 경험한다. 다만 사무실에서는 마음 편히 잠들 수 없기 때문에 일하다 피곤해졌을 때는 다른 방법(보통은 커피 마시기로)으로 생산성을 유지한다.

그러나 엎어지면 코 닿을 곳에 침대가 있는 집에서 일을 하는 톰에게는 잠을 떨쳐낼 방해물이 없다. 일정도 스스로 조정할 수 있기 때문에 틈틈이 토막잠을 자기도 쉽다. 결국 여분의 시간이 잠 때문에 야금야금 줄고 있다는 사실을 눈치채지 못한다. 물론 톰의 피로가 일 때문이 아닐 가능성도 있다. 다른 여가 활동이나 식습관 때문일 수도 있다. 특히 과식은 보편적인 피로의 원인인데, 과식이 혈류를 뇌에서 다른 데로 돌림으로써 주의력의 용량을 제한하기 때문이다. 어쨌든 우리가 톰에게 해줄 만한 조언은 피곤하게 만드는 요소가 무엇인지 파악해서 그 일이 불쾌해지는 순간 중단하라는 것이다. 이미 살펴본 동기부여 방법으로 그 일을 좀 더 쾌락적으로 만들거나 피로를 느낄 때마다 잠깐 집 밖으로 나가 산책을 하는 것이 좋다. 그래야 다시 침대로 들어가지 않을 테니까.[69]

톰의 가장 큰 문제는 잠들기 너무 쉬운 환경에서 일한다는 것이다. 하루 종일 집에 있기 때문에 무슨 일을 하던 중이건 언제나 마음대로 멈추고 침대에 누울 수 있다. 그리고 침대에 눕는 일은 그에게 시동 에너지가 전혀 들지 않는 활동이다.

톰에게 수면은 쾌락적인 활동이고, 시작하는 데 아무런 노력이 필요치 않으며 언제든지 할 수 있는 활동이다. 하지만 톰이 매일 세 시간씩 더 자는 원인은 그것만이 아닐 것이다. 같은 조건에서도 톰과 다르게 사는 사람들은 얼마든지 있다. 피로가 주범이 아니라면 그들과 톰의 차이점은 어디서 비롯된 걸까? 여기서 우리는 또다시 동기부여가 얼마나 중요한지 알 수 있다.

톰은 남들보다 잠을 더 많이 자는데도 일을 제때 마치고, 여가 활동까지 할 시간적 여유가 있다. 과다 수면으로 인한 결과가 톰을 불안하게 만들지 않는 것이다. 물론 생산적인 활동이나 쾌락 활동으로 이용할 수 있는 시간에 잠만 잤다는 생각에 죄책감을 느낄지도 모른다. 하지만 잠이 주는 신체적 쾌락을 극복할 만큼의 부정적 영향은 없어 보인다.

톰이 이용할 수 있는 유일한 동기부여는 기회비용이다. 잠자지 않는 시간에 할 수 있었던 일들 말이다. 그런데 톰이 열정을 가지고 있는 일이 많아 보이지는 않는다. 게다가 그런 일이 있다 해도 침대에 들어가는 것보다 더 쉬운 일은 없을 것이다. 대부분 여가 시간에 하는 일은 집에서 나가거나 어딘

가로 이동해야 하는 이런저런 노력을 수반한다. 그 반면에 잠은 침대까지 걸어가기만 하면 된다. 잠자기 너무 쉬운 환경에 처해 있는 것이다. 이렇게 쉽게 잘 수 있는 조건에서 일한다면 과수면에서 벗어나기는 쉽지 않다.

그렇다면 과연 어떻게 해야 할까? 톰은 잠에 빠지는 횟수를 줄여야 한다. 잠시 자더라도 빨리 깨어나야 한다. 그러기 위해 가장 먼저 할 수 있는 일은 잠자는 환경을 불편하게 만드는 것이다. 매트리스를 얇은 것으로 바꾸거나 베개를 딱딱한 것으로 바꾸거나 베개를 아예 없앨 수도 있다. 잠을 덜 자게 만들어줄 수 있으니 성공할 것 같지만 이 방법은 단점이 있다. 수면의 질이 떨어져서 오히려 수면 시간이 늘어날 수 있다는 점이다. 어쩌면 톰은 이미 잠자리가 불편해서 과수면을 하고 있는지도 모른다.

두 번째 방법은 잠자리에 들기 위한 사전 행위에 많은 수고를 들이도록 만드는 것이다. 예를 들어 침대 위에 잡동사니를 늘어놓으면 침대에 눕기 전에 잡동사니를 다 치워야 하니 낮잠 자는 게 번거로워질 것이다. 아니면 이층침대로 바꾼 후 위층에서만 자면 사다리를 오르내려야 하니 이것도 효과적일 듯싶다. 그러나 두 방법 모두 맹점이 있다. 전자는 매일 아침 침대 위에 잡동사니를 늘어놓는 수고를 해야 하고, 이층침대는 올라가는 것만 귀찮은 게 아니라 내려오는 것도 귀찮으니 잠자리에서 일어나는 것도 이전보다 더 어려워질 수 있다. 그러므로 주거 환경을 과감히 바꾸는 것이 더 나을 것이다.

이제 톰이 침대에서 보내는 시간을 줄이도록 하는 게 아니라 집에서 보내는 시간을 줄이도록 해보자. 방법은 동일하다. 집에 있는 걸 더 불편하게 만드는 것이다. 우리는 톰의 가장 큰 문제점을 간과하고 있었다. 톰이 잠 외에 쾌락을 추구하는 활동들이 모두 침대에서 가능했다는 점이다. 톰은 여가 시간에 침대에서 책을 읽거나 텔레비전을 봤다. 두 가지 모두 조금만 지루해지면 바로 잠으로 이어지기 쉽다. 이미 몸은 침대 위에 있지 않은가. 그렇다면 책이나 텔레비전을 치워버리면 어떨까? 집 안에서 얻을 수 있는 쾌락을 줄일수록 톰이 밖에서 보내는 시간이 늘어나지 않을까?[70]

책과 텔레비전을 치우면 톰이 집에서 얻을 수 있는 쾌락은 잠뿐이다. 이제 톰이 집 밖에서 할 수 있는 쾌락 활동을 찾으면 잠과 다른 유쾌한 활동 중 하나를 선택할 수밖에 없게 된다. 하지만 이것만으로 톰의 잠이 줄어들 거라고 확신하긴 어렵다.

가장 좋은 방법은 잠자는 곳에서는 일을 하지 않는 것이다. 사무실이나 작업실을 빌릴 수도 있고, 가능하다면 도서관도 괜찮다. 일단 일하는 장소가 집에서 조금 멀면 잠깐 낮잠을 자기 위해 집으로 돌아가지 못할 것이다. 집 밖으로 나갈 수밖에 없는 일을 만드는 것도 좋다. 어떤 수업에 등록한 다음 수업료를 미리 내버리면 억지로라도 나가게 될 것이다.

지금의 원룸 아파트에서 방이 여러 개인 집으로 이사를 가서 룸메이트를 만드는 방법도 있다. 그러면 타인의 감시도 받을 수 있고, 곁에 늘 다른 사람이 있으면 침대 외의 장소에서 재미있는 시간을 함께 보낼 수도 있으니 일석이조다.

이 정도면 톰에게 해줄 수 있는 모든 조언을 해주었다. 이제 톰과도 작별이다.[71]

기대를
현실로 바꿔라

이 책의 집필을 마친 지금 내가 바라는 것은, 독자들이 동기부여의 힘이 어떻게 작용하는지 이해하고 이 책에서 제시한 방법을 각자의 상황에 맞게 적용하는 것이다. 물론 내가 제시한 방법들은 꼭 해내고 싶은 일이 있지만, 잠깐 슬럼프를 겪고 있거나 열정이 조금 식었다고 느낄 때 쓸 수 있는 보조 수단일 뿐이다.[72]

우리는 늘 정말 하고 싶은 일이 무엇인지, 열정과 흥분을 일으키는 일이 무엇인지 찾아야 한다. 목표와 동기가 완벽히 들어맞는다면 거침없이 즐겁게 할 수 있을 것이다.

하지만 그런 경우는 많지 않다. 설령 그런 일이 있다 해도 거기에도 역시 나름의 문제와 방해 요인이 존재한다. 의욕과 투지가 넘치는 사람도 인생에서 동기부여가 부족할 때와 동기부여가 전혀 안 되는 영역이 있게 마련이다. 그럴 때 이 책에서 제시한 방법들을 활용하길 바란다.

절대 놓치고 싶지 않은 일, 열정을 바치고 싶은 꿈이 있다면 앞뒤 잴 것 없이 뛰어들면 된다. 그러나 가끔 걸림돌이나 장애물을 만날 때가 있다. 날아올라서 잡을 수 없다면 느릿느릿 걸어서라도 반드시 잡길 바란다.

최고의 동기부여는
쾌락!

이게 다 게으름과 '유리멘탈' 때문이다

'어? 이거 내 이야기잖아?'

번번이 과제를 미루는 짐과 잠을 너무 많이 자는 톰의 사례를 보고 떠오른 생각이다. 나 역시 짐과 톰처럼 과제를 미루고, 틈만 나면 잠을 잤다. 그리고 이 모든 게 천성적인 게으름과 '유리멘탈' 때문이라고 생각하며 자책했다. 하지만 이 책을 읽고 나는 죄의식을 조금이나마 덜 수 있었다. 바로 '쾌락 원칙'을 이해했기 때문이다.

생각해보면 명칭을 알지 못했을 뿐, 예전에 쾌락 원칙을 목표에 적용한 경험이 있다. 번역 공부를 하고 싶은데 어떻게 시작해야 할지 막연하던 때, 일단 영어로 된 텍스트와 친해져야겠다는 생각에 원서를 읽기로 결심했다. 원서를 읽을 때는 사전을 찾지 않고 읽어야 영어 공부에 더 도움이 된다는 말에, 사전도 멀리한 채 세계명작을 읽어보겠다고 펼쳤지만 몇 페이지를 넘기지 못하고 내려놓기 일쑤였다.

어떻게 하면 원서를 끝까지 읽을 수 있을까 고민하다가 찾은 답이 '추리소설을 읽자!'였다. 가장 좋아하는 장르이므로 재미있게 읽을 수 있고, 범인이 궁금하여 중도에 포기하지 않고 끝까지 읽을 수밖에 없으리라 생각했다.

예상은 적중했다. 나는 이 방법으로 미스 마플 시리즈를 다 읽었다. 그땐 몰랐지만 동기부여를 위해 내가 선택한 것이 바로 원서 읽기에 '재미'를 부여하는 것, 즉 '쾌락'이었다.

이 일보다 더 재미있는 일을 차단한다

그렇게 공부해서 용케도 번역계에 입문하고 보니 마감이란 녀석이 기다리고 있었다. 마감을 어겼을 때의 결과는 굉장히 무시무시하기 때문에 원고를 넘기기 전까지의 불안감이란 말로 다 못 할 정도다. 마감이 다가올수록 마감을 지키지 못했을 때의 결과가 더욱 구체적으로 다가오니 잠을 자도 잔 것 같지가 않았고 늘 가슴 한구석이 묵직한 느낌을 떨칠 수가 없었다. 그러면서도 늘 목표한 만큼 제때 해내지 못했고 마감 때마다 불안해했다.

나는 이 책이 제시한 해법을 이 현상에도 적용해 보려 한다. 나는 짐과 달리 해야 하는 일이 불쾌한 것은 아니지만, 작업을 완료하지 못했을 때의 부정적인 결과가 동기를 제공한다는 점은 동일하다. 그리고 짐과 마찬가지로 작업을 시작하는 데 들어가는 물리적 노력도 아주 적다. 컴퓨터를 켜고 워드프로세서만 열면 되니까. 따라서 나도 짐처럼 과정과 결과에 연결된 쾌감과 불쾌감을 공략해보려 한다.

작업을 하면서 느끼는 불쾌감은 본문을 정확하게 이해하지 못하거나 적확한 표현이 떠오르지 않을 때다. 그럴 때는 사실 뾰족한 수가 따로 있는 것이 아니므로 다짜고짜 작업을 이어가기보다 일단 이해가 안 되는 부분은 따로 표시해두고 작업을 계속한다. 계속 붙잡고 있을 경우 하루 할당량을 채우지 못할 위험이 있다. 막히는 부분만 뒤로 미룬 채 할당량을 채워나가다 보면, 마감일에 작업을 끝내지 못할 수 있다는 불안감을 줄일 수 있다.

또 본문에서 조언한 대로 작업을 시작하기에 앞서, 그것보다 더 재미있는 일을 차단한다. 텔레비전을 튼다든지 어제 읽던 추리소설을 펼치는 일은 가급적 피한다. 특히 몰아 보기가 가능한 넷플릭스는 처음부터 접속하지 않는 것이 중요하다. 좋아하는 하라 료의 최신작도 주문 상태 그대로 고이 모셔둔다.

이제 작업을 좀 더 편하게 할 수 있는 보조 수단을 찾을 차례다. 책에서는 음악 듣기와 카페인, 친구와 함께하기 등을 제시한다. 하지만 나의 경우 작업할 때 고도의 주의력이 필요하므로 음악은 틀지 않는다. 다만 주변 잡음이 거슬릴 때는 유튜브에서 백색소음 채널을 골라 청취하기도 한다(기계식 키보드 ASMR을 즐겨 들었지만 요즘은 각종 빗소리를 즐겨 듣는다). 친구와 함께 작업을 하는 건 집중력이 흐트러질 수 있으므로 고려하지 않는다. 카페인은 당연히 구비해둔다.

쾌락을 이기는 또 다른 쾌락 전략

이번엔 '결과 측면의 동기부여'를 생각해보자. 내게 가장 적합한 전략은 현재 욕구를 작업 완료 후의 보상으로 돌리는 것이다. 여행을 가거나 밀린 독서를 하는 등 하고 싶은 일을 하기 위해서라도 마감을 빨리 끝내고 싶어질 것이다.

마지막으로 번역 작업을 하다가 더 쾌락적인 미래 활동으로 넘어가지 않도록 미래 활동이 주는 쾌락을 최소한으로 만들어보자. 쾌락적인 활동의 유혹으로부터 나를 고립시키려면 어떻게 해야 할까?

우선 플레이스테이션4와 텔레비전과 푹신한 침대가 지척에 있는 집을 나서서 도서관이나 카페로 향하는 것이다. 쾌락에 대한 유혹을 이겨내고 작업에 몰두하기 위해 애초에 그런 활동에 접근할 수 없도록 텔레비전 코드를 빼놓거나 침대가 있는 방문을 아예 닫아놓는 방법도 있지만 집이 좁기 때문에 이 방법은 효과가 별로 없을 듯하다. 코드를 뽑고 문을 여는 귀찮음보다 얻을 수 있는 쾌락이 강하기 때문이다.

번역 작업이나 과제 말고도 일상생활에서 동기를 부여해야 할 자잘한 일들은 얼마든지 있다. 설거지하기 싫다면? 예쁜 용기에 주방용 세제를 넣거나 마음에 드는 향으로 바꿔보자. 청소하기 싫다면? 청소하는 동안 좋아하는 노래나 예능을 틀어보자. 출근하기 싫다면? 출근길이 조금이라도 기다려지도록 이어폰을 하이엔드(High-End)급으로 바꿔보자. 이처럼 일상생활 구석구석 심어둔 쾌락 요소가 우리의 일상을 조금 더 활기차게 만들어줄 것이다.

미주

2장 • "나를 방해하는 것은, 바로 나"

1 결국 모든 행동은, 그 행동을 유발하는 정신 활동의 징후에 불과하다.

2 독자의 혼란을 피하기 위해 '영향'이라는 단어를 명확히 해두겠다. [영향: 명사. 느낌이나 감정.] 앞으로도 여러 번 등장하게 될 이 단어는 보통 내적 인지 과정의 결과로서 느끼는 것을 말한다.

3장 • "정말 하고 싶은데 왜 이렇게 하기 싫지?"

3 드문 사례지만 이와는 정반대의 상황도 존재한다. 감정이 너무 강한 나머지 일상적인 신체 활동조차 억제하는 것이다. 이 정도의 감정은 깊은 마음의 병으로 이어지곤 한다.

4 무료함도 유쾌하지 못한 감정에 속한다.

5 1900년대 중반의 행동주의 혁명 이후, 초기 심리학 연구와 성과에는 모두 비과학적이라는 딱지가 붙었고, 조작되거나 모호하며 오늘날의 심리학과는 무관하다고 여겨졌다.

6 이는 모두가 일상적으로 겪는 일이다. 그러나 인간이 그런 행동을 취하게끔 하는 다른 인지 요인도 있다. (180쪽 '무엇을 상상하든 그대로 이루어지리라' 내용 참조)

7 아무리 하찮은 노력이 필요한 일이라도 노력에는 불쾌함이 잠재해 있다. 그러나 이런 불쾌함은 약간의 동기부여로 극복할 수 있다. 또한 노력의 필요성이 클수록 동기부여의 필요성도 커진다.

8 인간의 뇌에도 별개의 영역으로 존재할 가능성이 크다.

9 그러나 본능과 감정 사이의 경계는 모호하며, 때로는 본능과 감정이 같은 것처럼 보일 때도 있다.

10 특히 재갈매기 새끼는 어미 새의 부리에 있는 붉은 점을 쪼는데, 그러면 어미 새는 되새김질하여 새끼에게 먹이를 준다. 재갈매기 새끼의 이런 본능적 습성은 어미 새의 부리 외 다른 붉은 점에도 발현될 것이다.

11 이는 행동주의자들이 주장한 학습, 강화, 자극–반응 중심의 접근법과 반대된다. 따지고 보면 행동주의자들의 성과(무엇이든 긍정적인 것은 강화로, 부정적인 것은 처벌로 분류할 수 있다는)는 쾌락과 불쾌의 작용, 그리고 그것이 무의식적 쾌락에 영향을 주는 결과로 설명할 수 있다. 물론 그들은 절대 인정하지 않는다.

12 신용카드 요금을 제때 내지 않고 미루는 경우도 마찬가지다. 이렇게 미루는 사람은 지불일 전에 납부하는 데 이상한 저항감을 느낀다. 같은 양의 노력이 필요하지만 플러스도, 마이너스도 되지 않는 일에는 그 같은 저항감이 없다. 분명 납부를 해결하지 않고 있다는 불안감을 느끼면서도 빨리 납부를 해서 그 불안감을 없애기보다 납부해야 한다는 생각을 외면하는 쪽을 택한다. 물론 그 편이 납부하기 위해 들이는 노력보다 당장은 편하다.

13 가령 피로할 때나 과식을 했을 때는 주의력이 많이 떨어진다.

14 보통 시각과 청각에 집중되지만, 환상을 경험할 때는 촉각, 미각, 후각 자극도 느낄 수 있다.

15 수의 운동(隨意運動)과 수의 행동은 진화 과정에서 어느 순간 분화되었음이 밝혀질 것이라는 게 현재 신경학계의 견해다.

16 우리는 손에 쥔 것을 구기거나 찢어버릴 때 불만이 살짝 해소되는 걸 느낀다. 또 주변을 정리하고 가지런히 정돈하고 나면 심적 고통이 조금은 줄어든다. 자신의 피부나 머리카락을 쓰다듬으면 불안이 가라앉기도 한다.

17 그러나 간혹 이게 가능할 때(무의식적 쾌락의 충동이 일시적이나마 충족될 때)가 있다. 이에 대해서는 뒤에서 다룰 예정이다.

18 앞서 말했듯 어떤 감각에 주의력을 많이 기울일수록 그 감각이 강렬하게 느껴진다. 가려움이나 통증에 주의를 기울이면 참기 힘들 만큼 괴롭지만, 거기에서 주의를 돌리면 그 괴로움이 덜해진다. 최면을 통한 통증 완화법은 이런 메커니즘을 이용한 것이다.

4장 • "재미없는 건 절대 못 참아!"

19 논리와 정신력은 무의식적 쾌락을 활용한 후에 보조적으로 사용할 게 아니라면 소용이 없다.

20 물론 어떻게 해야 불쾌감이 해소되는지 알 수 없을 때도 있다. 불쾌감의 근원이 복잡할수록 그렇다. 우울증이나 불안증이 심한 사람은 그 원인이 뭔지 자신조차

모를 때가 많다. 그런 상황에서도 주의력은 늘 현재의 불쾌감에 소모될 것이다. 그럴 때 사람은 문제의 원인이 아니라 당장의 해결책을 찾으려 한다.

21 감정이 행위를 촉발할 때 우리는 그 이유를 제대로 알지 못하는 경우가 많다. 왜 어떤 때는 도망치고 싶은 마음이 드는지, 왜 어떤 때는 화가 나서 폭력적인 행동을 하는지 완전히 이해할 수 없지만 그것이 어떤 욕구 때문이라는 건 어렴풋이 알고 있다. 그런 욕구에 근본적인 책임이 있는 무의식적 쾌락을 인지하기란 하늘의 별 따기처럼 어려운 일이다.

22 스스로 쾌락을 얻거나 불쾌를 없앤 사람은 자신의 노력으로 해냈다는 것을 인식할 때마다 기쁨을 느낄 것이다.

23 이때 우리는 눈앞의 일을 계속하기 어려워진다. 그 일이 더 이상 즐거울 수 없기 때문이다. 이것이 바로 긍정적 순환 고리(positive feedback loop)다.

24 특히 롤플레잉 게임의 유저는 자신의 캐릭터에 감정 이입하기 쉽다. 그래서 캐릭터를 조종하는 게 아니라 마치 자신이 게임 속에서 살고 있는 듯한 착각에 빠진다. 이는 분명 쾌락적인 일이지만 중독성도 강하다.

5장 • "내 몸은 답을 알고 있다"

25 인간에게 생각과 공상을 현실(실제로 일어난 일)처럼 지각하게 만드는 것이 상상력의 중요한 기능이다.

26 불안감은 미래에 대한 시나리오를 온전히 상상할 수 없는 상황에서 위험까지 예상될 때 생기는 감정이다.

27 이는 그 일을 하는 사람이 미래를 잘 재현할수록 가능해진다. 하지만 처음 해보는 일이라면 그 일에 대한 노력의 크기를 과대평가하거나 과소평가하기 쉽다.

28 이때의 쾌락은 '노잼포비아(112~115쪽)'에서 언급했던 평균적 감정의 쾌락과는 다르다. 거기서의 쾌락은 실제로 일을 수행할 때 얻게 되는 쾌락이었으나 여기서는 미래에 대한 기대로서의 쾌락을 말한다. 이처럼 앞으로 하게 될 일에 대한 전망일 때는, 쾌락(또는 불쾌)에 대해 확실하게 재현하게 된다.

29 현재의 쾌감이나 불쾌감은 상대적이다. 지금 당장 화장실에 가고 싶은 사람이라면 배뇨를 떠올리는 것만으로도 기분이 좋아질 수 있다. 또 지금 한창 재미있고 보람찬 일에 몰두하고 있는 사람이라면 평소 게임을 좋아해도 지금은 게임이 시시할 수 있다.

30 물론 이 모든 걸 하려면 각 요소가 가져올 쾌락과 불쾌의 양을 알아야 한다. 타인을 상대로 한다면 이것을 측정하기는 어렵겠지만 내 감정과 행동이라면 해볼 만하다.

31 인간의 개인차에 대해 살펴보자. 인간생물학과 심리학에서 측정한 거의 모든 측면은 개체에 따라 다르며, 정규 분포 곡선을 따르는 것이 밝혀졌다. 이는 인간의 특성 중 대부분(생물학적, 심리학적, 행동학적)이 '다중결정적', 즉 다수의 요인이 작용해 생긴 결과라는 뜻이다. 하나의 특성에 영향을 미치는 요인이 여럿이라면, 그 특성이 긍정적이기만 할 리도 없고 반대로 부정적이기만 할 리도 없다. 오히려 두 가지를 다 가지고 있을 가능성이 크다. 그 때문에 정규 분포 곡선이 되는 것이다. 통계학에서는 이를 '중심 극한 정리'라 한다. 여러 변수 중 무작위 표본을 다수 추출할 때, 그런 변수가 정규 분포에 미치지 못하는 때라도 변수가 서로 독립적이기만 하면 그 평균은 정규 분포에 수렴할 것이라는 정리다. 결국 인간 특성에 대해 유전적인 것인지 학습된 것인지 등 그 무엇 하나로 단정 지을 수 없다.

32 물론 그것은 긍정적일 수도, 부정적일 수도 있다. 부모님으로부터 칭찬을 받으려는 욕망이나 호감 가는 사람에게 자신의 매력을 어필하고 싶은 욕망, 집단에서 인정받고 싶은 욕망, 몸담고 있는 분야에서 업적을 남기고 싶은 욕망 등은 쾌락을 추구한다는 의미에서 강한 동기가 된다. 반대로 부모님이나 주변 사람들로부터 미움을 받을까 봐, 집단에서 배척되는 게 두려워서, 또는 목표를 달성하지 못할까 봐 두려운 마음은 불쾌를 피하기 위한 동기에 해당한다.

33 자기 확신에 따라 행동하는 사람은 장기적으로 볼 때 자신 또는 주변 사람들에게 최선이라 여겨지는 일을 하는 사람이다.

6장 • "억지로 하지 마라, 저절로 하게 만들어라!"

34 이런 감정에 대해 더 자세히 알고 싶다면, 졸저 『우울함과 미숙한 로맨스: 우울한 마음이 벌이는 은밀한 내면의 전쟁(Depression and the Immature Romance: The Secret Inner Battle of the Depressed Mind)』을 참조할 것.

35 우리가 어떤 행동을 예상할 때 그것은 현실적인 것일 수밖에 없다. 앞에서도 여러 번 얘기했듯 예측 가능한 현실을 앞에 두고 우리 자신을 속이는 것은 불가능하다.

36 앞에서 우리는 담배 찾는 걸 더욱 어렵게 만들어서 흡연을 억제한 사례를 보았다.

37 예를 들어 손톱 깨무는 버릇을 고치고 싶은 사람은 손톱에 쓴맛이 나는 매니큐어

를 발라 손톱 깨무는 행위를 불쾌하게 만들 수 있다.

38 예를 들어 과음을 자제하려는 사람은 자신이 어느 선의 음주량을 넘으면 벌금을 내기로 친구와 미리 약속을 하면 된다.

39 시간과 노력은 불가분의 관계에 있다. 뭔가를 하는 데 요구되는 시간의 양과 그 일에 요구되는 노력의 양은 굉장히 긴밀하게 대응한다.

40 어떤 일을 하기 위해 아주 먼 거리를 이동해야 한다면 거주지를 옮기거나 새로운 교통수단을 마련하지 않고는 시간을 단축하기 어렵다. 하지만 다른 일 때문에 그 근처로 갈 때 겸사겸사 그 일도 처리할 수 있다. 그곳에 간 김에 할 수 있는 일들을 계획적으로 한번에 처리하면 다양한 동기부여원을 활용해 시동 에너지 소요량을 극복할 수 있다.

41 인류의 기술적 진보는 대부분 이런 목적으로 이루어졌다고 해도 과언이 아니다. 선사시대의 도구부터 최첨단 전자제품까지 거의 모든 도구는 인간의 욕망, 즉 더 편리하고, 능률이 높고, 빠르게 하고 싶은 욕망을 해소하는 과정에서 탄생했다.

42 진정한 친구란 당신과 기꺼이 내기를 해주는 사람일 것이다. 거는 돈이 클수록 좋겠지만 당신이 질 경우도 있다는 점을 잊지 말자.

43 당신의 돈을 친구에게 줘야 하거나 당신의 부끄러운 행동을 보여줘야 하는 것 등이 그렇다.

44 그러나 동기부여의 측면에서 이런 내기는 좋은 수단이 된다. 양극단의 유인, 즉 동일한 행동을 지향하는 위험과 보상을 모두 얻을 수 있기 때문이다.

45 예를 들어 개인적 신념 때문에 성충동을 무조건 거부하는 사람이나 부끄러운 비밀(대개 성적 내용인 경우가 많다)을 뜻하지 않게 발설하는 게 두려워 끊임없이 경계하는 사람이 여기에 해당한다.

46 우리도 그런 사람의 생각이 부분적으로는 옳다는 걸 이미 알고 있다.

47 이 정도로 마음의 동요를 유발하는 충동은 단순히 환경만 바꾼다고 해서 예방할 수 있는 것은 아니다.

48 이런 일은 참 흔하디흔하게 일어난다.

49 상상력이 불러일으키는 쾌락은 현실과 직접적으로 연결되어 있다. 우리의 마음은 불가능한 일에서는 쾌락을 별로 얻지 못한다. 우리를 충동질하는 쾌락은 대부분 현실이 될 가능성이 있는 것들이다. 게임 중독자는 게임을 할 물리적 가능성이 있을 때, 게임 생각이 더 간절해진다. 가능성이 없어지면 게임 생각으로 인한 쾌락을 얻지도 못한다. 생각은 행동을 전제로 한다. 행동의 가능성이 전혀 없으면 그

생각의 매력도 순식간에 사라진다. 일어나지 않을 일에 대해 불안감을 가질 수 없는 것과 마찬가지로, 할 수 없다는 사실을 알면서 흥분하는 것도 불가능하다.

50   하지만 이런 경우라도 주의력을 거의 빼앗지 않으면서 쾌락을 주는 부수적 활동도 있다. 자연에서 심미적 쾌락을 얻는 것인데, 잠시 눈을 돌려 자연 경관을 본다든지 향긋한 냄새를 맡는 것이다. 시원한 바람이나 따뜻한 햇살을 피부로 느끼는 것도 좋다. 날씨 좋은 날 야외에서 일을 하면 동기부여가 더 잘되고, 자유롭고 풍부한 사유에도 큰 도움이 된다.

51   비슷한 예로 엄마 손 효과가 있다. 아픈 아이를 엄마가 쓰다듬어주면 아이의 주의력이 통증에서 엄마의 손길이 주는 쾌감 쪽으로 기울어 아이를 달래기 쉬워진다.

52   복수는 분노가 동기로 작용하는 자연스럽고 무의식적인 행위다. 분노는 잠재의식을 통해 우리를 화나게 한 사람에게 '눈에는 눈, 이에는 이'식의 복수를 하도록 부추긴다.

53   담배는 장기적으로 볼 때 건강에 해롭지만 카페인은 과다 섭취하지 않는 한 무해한 것으로 보인다.

54   카페인 섭취의 부작용 중 하나는 카페인의 효력이 떨어지면 찾아오는 '극심한 피로감'이다. 카페인은 인지 작용에 영향을 미쳐 탈진하게 하지만 그 효과는 나중에 나타난다. 따라서 카페인은 지금 당장 자유 쾌락을 제공하는 대신 가까운 미래의 인지력은 떨어뜨린다고 볼 수 있다. 하지만 적절히 관리한다면 이점이 그런 결점을 메우고도 남는다.

55   예를 들어 작업실에 식사 공간은 만들지 않거나 담배 피우는 장소는 따로 마련하는 것이다.

7장 • "내가 원하는 나를 만나다"

56   중립적 활동에서 조금 쾌락적인 활동으로 전환할 때와 아주 불쾌한 활동에서 덜 불쾌한 활동으로 전환할 때는 중요한 심리적 차이점이 있다. 전자는 쾌락이 상대적으로 증가해서 무의식적 쾌락을 충족시키지만, 후자는 불쾌한 일 하나를 다른 불쾌한 일로 맞바꾸는 것에 불과하다. 후자는 무의식적 쾌락이 충족되지 않기 때문에 새로운 불쾌를 없애고 조금이라도 더 쾌락적인 일과 바꾸려 할 것이다.

57   행복, 설렘, 사랑 같은 긍정적 감정도 같은 방식으로 이용할 수 있겠지만, 이런 감정은 쉽게 얻을 수 있는 것이 아니다.

58 목표 달성을 위해 노력하겠다는 생각은 그 활동으로 얻는 쾌락에 기여한다. 이 생각은 흥분과 목적의식을 불러일으키기 때문이다. 하지만 똑같은 활동이라도 어쩔 수 없이 해야 하는 의무로 여기면 정반대의 효과가 나타난다.

59 개인 트레이너가 알려주는 운동법과 식단은 매우 유용한데, 잘 짜인 계획을 바탕으로 어떤 성과를 얻을 수 있을지 구체적으로 파악할 수 있다.

60 그러나 반드시 피해야 할 것이 있다. 흡연 행위는 흡연하기 전이나 도중, 또는 흡연 후의 다른 활동을 연상시킨다. 예를 들어 담배를 피울 때 커피를 자주 마셨다면 커피를 마실 때마다 담배가 생각날 것이다. 금연 기간에는 이런 연상 활동을 반드시 피해야 한다. 담배를 피울 때 했던 행동과 전혀 관련이 없는 새로운 활동, 가급적이면 한 번도 해보지 않았지만 쾌락을 줄 수 있는 활동이 좋다.

61 니코틴 보조제를 흡연 대용품으로 생각해서는 안 된다. 니코틴 보조제는 용량을 점차 줄여나가면서 천천히 니코틴을 끊도록 하는 수단으로 써야 한다. 그러면 한 번에 크게 느껴지는 불쾌감을 여러 번에 걸쳐 훨씬 적은 양으로 나눠 견딜 수 있게 된다. 그러나 매일 조금씩 흡연량을 줄여나가다가 완전히 끊겠다는 방법은 추천하지 않는다. 일일 할당량 이상 흡연할 가능성이 크기 때문이다. 옆에 있는 담배를 한 개비 더 입에 무는 것은 두 번째 니코틴 패치를 붙이는 것보다 너무나 간단한 일이다.

가장 간편한 방법은 전자담배를 쓰는 것이다. 전열선(전기가 흐르는 금속 코일)을 이용해 특수 액체(니코틴과 니코틴에 용해되는 향이 들어간 비활성 용매)를 기체로 바꿔 담배 연기 대신 흡입할 수 있다. 이것도 앞에서 살펴본 니코틴 보조제처럼 니코틴 함유량을 점차 줄여서 완전히 끊도록 해준다. 실제로 효과가 좋아서 수백만 명이 단시간에 금연에 성공했다. 니코틴 껌이나 패치와는 달리 흡연 행위를 통해 신체적 쾌락을 얻을 수 있고, 맛도 다양해서 금연을 수월하게 해준다.

그러나 한 가지 주의할 점이 있다. 전자담배를 담배 대용으로 써서 담배 반 갑을 피울 것을 담배 한두 개비로 줄이려는 사람이 있는데, 이런 생각은 안일하다. 전자담배를 이용한다고 흡연 욕구가 사라지는 게 아니다. 전자담배는 담배에 대한 욕구가 사라질 때까지 흡연 대신 활용하는 보조 기구일 뿐이다. 담배와 함께 사용하면 금연은 고사하고 흡연량만 두 배로 늘게 된다.

62 그런 욕망의 대표적인 예는 성욕이다. 성욕을 그런 식으로 없애거나 억제하려 하면 정신 건강에 해롭다.

63 일시적인 게임 중독이라도 이보다 더 오래 지속될 수 있다. 대개 게임 중독자는 게

임에 완전히 질리고 나서야(이겨서든, 아니면 다른 이유로든) 중독에서 벗어난다.

64 적어도 준서가 중독 때문에 자기혐오에 빠질 까지 또는 상황과 환경이 갑자기 달라져서 게임을 못하게 될 때까지 말이다.

65 어떤 사람이 평지 한가운데 서 있다. 주변에는 언덕들이 여기저기 솟아 있는데, 어떤 것은 높고 어떤 것은 낮아서 높이가 제각각이다. 그 사람과 언덕들의 거리도 가까운 게 있는가 하면 아주 먼 것도 있다. 그 사람은 언덕에 오르고 싶은 욕망이 있고, 정상을 밟고 싶어 한다. 여기서 언덕은 쾌락적인 활동을 말한다. 언덕의 높이는 그 활동이 줄 쾌락에 비례하며, 언덕과 사람 간의 거리는 그 활동을 시작하기 얼마나 쉽고 어려운지를 나타낸다. 쾌락 때문에 끌리는 활동들에 대해 이런 '동기부여 지형'을 상상하면, 우리가 지루할 때 어떤 활동에 마음이 끌리는지, 그런 상황을 바꿀 수 있는 방법은 무엇인지 답을 찾기가 한결 쉬워진다. 언덕을 일부 깎거나 아예 멀리 옮겨버리는 것이다.

66 그 사람은 다음과 같이 생각할 것이다. '새 게임을 찾느니 차라리 이 게임을 다시 시작해서 끝내야겠다. 그게 내가 진짜 원하는 거니까.'

67 다른 어떤 요인보다도 앞으로 살펴볼 요인이 과수면 뒤에 숨은 주된 원인이었다.

68 결국 주의력의 용량을 다시 채워주고, 정신적으로 고된 과업에 집중할 능력을 회복시켜 주는 것은 잠이다.

69 심리적 피로와 마찬가지로 잠으로 이어지기 쉬운 신체적 피로에 대해 잠시 살펴보자. 신체적 피로 중 '육체 피로'와 '시각 피로'는 잠의 강력한 동기부여 요인이다. 육체 피로는 근육을 무리하게 사용했을 때 생기는데, 육체 피로를 느끼는 사람은 통증 때문에 움직이지 않고 휴식을 취하고 싶어 한다. 그런 휴식이 곧잘 잠으로 이어지는 것이다. 만일 톰이 가끔 헬스장에 가서 운동을 하다가 근육을 무리하게 움직였다면 그것이 과수면의 원인일 수도 있다. 그럴 때 우리는 톰에게 운동을 적당히 하든지, 운동을 하려거든 밤에 자기 직전에 하라고 조언해줄 수 있다. 시각 피로는 눈을 강한 빛에 오래 노출하거나 눈을 많이 써야 하는 일에 몰두할 때 생긴다. 시각 피로를 느끼는 사람은 눈에 열감, 통각 등이 느껴지거나 눈꺼풀이 무거워진다. 눈을 감고 싶기 때문에 이 경우도 자연스럽게 잠으로 이어진다. 컴퓨터 앞에서 일을 하는 톰에게는 피로의 원인이 바로 이것이었을지 모른다. 이런 경우에는 여러 방법으로 피로도를 낮출 수 있다. 안경을 새로 맞추거나 창문에 커튼을 달 수도 있다. 컴퓨터 스크린의 밝기를 낮추는 것도 좋다.

70 누운 자세도 사람의 심리에 영향을 미친다. 누워 있으면 저절로 눈이 감기고 잠들

기 쉽다. 이는 앉아 있을 때나 서 있을 때, 걸을 때는 일어나지 않는 현상이다. 만약 침대에 누워 지루한 책을 읽는다면 잠은 더 빨리 찾아올 것이다. 하지만 같은 책을 책상에 앉아 읽으면 덜 졸릴 것이고, 서서 읽거나 걸으면서 읽으면 그보다 덜 졸릴 것이다. 침대에 누워 있는 동안에는 지루하거나 불쾌한 활동은 하지 마라.

71 톰의 수면에 대해 우리가 고려하지 않은 다른 요인들도 있다. 톰처럼 만성적으로 과수면인 사람은 많이 잘수록 더 피곤해져서 다음 날도 그 정도는 자야 하고, 그 다음 날에도 또 그만큼 자야 한다. 이런 악순환을 끊으려고 수면 시간을 줄여도, 처음에 그런 악순환에 들어선 원인을 해결하지 않으면 소용없다.

어쩌면 외적 요인은 관련이 없을 수도 있다. 만일 톰이 유전적으로 보통 사람들보다 피로를 더 심하게 느끼는 것이라면 잠도 더 많이 자게 될 것이다. 유전적인 문제라면 과수면은 피할 수 없는 운명으로 받아들여야 한다. 혹시 커피가 도움이 될지 모르겠지만 말이다.

72 열정이나 의욕은 강한 동기부여원이다. 관심 있는 주제를 자기 생각대로 쓰고 싶은 열정이 넘치는 사람이라면 논문 쓰기를 미루지 않을 것이다. 무술로 최강자가 되겠다는 의욕이 넘치는 사람이라면 체육관이 멀리 있는 것쯤은 방해물이 되지 않을 것이다.

로먼 겔페린(Roman Gelperin)

인간의 행동과 심리를 연구하는 심리학자이다. 동기부여 문제로 목표 앞에서 좌절하던 시절, '무엇이 행동을 방해하는 걸까?', '정말 정신력이 부족한 탓일까?'라는 의문이 생겼다. 문제를 해결하기 위해 자신과 주변인을 관찰하며 동기부여의 본질을 심리학적으로 파헤치기 시작했다. 그 결과 어떤 행동을 할 때 작동하는 쾌락 심리를 제대로 이해하면, 게으르고 의지력이 부족한 사람도 스스로 행동을 통제할 수 있다는 사실을 알게 되었다.

『정말 하고 싶은데 너무 하기 싫어(원제: 중독, 미루기, 게으름 Addiction, Procrastination, and Laziness)』는 그가 연구한 심리 메커니즘을 바탕으로 시작은 더 쉽게, 목표까지 더 즐겁게, 동기는 더 확실하게 만드는 다양한 심리 전략을 알려준다. 이 책은 입소문을 타고 전 세계 게으름뱅이들의 폭발적인 반응을 얻어 오랜 기간 미국 아마존 베스트셀러 자리를 유지하고 있다.

황금진

숙명여대 영문학과를 졸업하고 책이 좋아 번역 일을 시작했다. 독자 대신 손품을 팔아 시간을 절약해주는 것이 번역가의 할일이라 생각하며 성실한 자세로 번역에 임하고 있다. 옮긴 책으로는 『호르몬의 거짓말』, 『아내 가뭄』, 『소녀는 왜 다섯 살 난 동생을 죽였을까?』, 『런어웨이』, 『개와 영혼이 뒤바뀐 여자』, 『카네기 인간관계론』, 『과소유 증후군』, 『시간을 2배로 늘려 사는 비결』 등이 있다.

정말 하고 싶은데 너무 하기 싫어

1판 1쇄 발행 | 2019년 1월 21일
1판 3쇄 발행 | 2019년 3월 14일

지은이 | 로먼 겔페린
옮긴이 | 황금진
발행인 | 김태웅
편집장 | 강석기
기획편집 | 박지호, 이주영
교정교열 | 민혜진
디자인 | 방혜자, 김효정, 서진희, 강은비
일러스트 | 설찌
마케팅 총괄 | 나재승
마케팅 | 서재욱, 김귀찬, 오승수, 조경현, 양수아, 김성준
온라인 마케팅 | 김철영, 양윤모
인터넷 관리 | 김상규
제   작 | 현대순
총   무 | 김진영, 안서현, 최여진, 강아담
관   리 | 김훈희, 이국희, 김승훈

발행처 | (주)동양북스
등   록 | 제2014-000055호
주   소 | 서울시 마포구 동교로22길 12 (04030)
구입 문의 | 전화 (02)337-1737 팩스 (02)334-6624
내용 문의 | 전화 (02)337-1739 이메일 dybooks2@gmail.com

http://www.dongyangbooks.com
blog.naver.com/dymg98

ISBN 979-11-5768-472-4 03190

이 도서의 국립중앙도서관 출판예정도서목록(CIP)은 서지정보유통지원시스템 홈페이지(http://seoji.nl.go.kr)와 국가자료공동목록시스템(http://www.nl.go.kr/kolisnet)에서 이용하실 수 있습니다. (CIP제어번호:CIP2019000122)